Markus von Friedland

Christus

Was geschah n a c h Golgatha ??

Kurzfassung und Einführung zu den Buchbänden:

1) Die epische Erzählung des Lebens Christi
auf der geschichtlichen Wahrheit beruhend

2) Das Christus-Rätsel
Die Beweise

Andromeda-Publikation, Zürich, 2007

Inhaltsverzeichnis

*ante = vor Christus (BC); post = nach Christus (AD)

1. Erklärungen zum Umschlag-Rätsel-Bild:

- Römischer Torbogen unter welchem Christus durch Pontius Pilatus mit 'Ecce Homo' (seht, welch ein Mensch!) dargestellt, dann verurteilt wurde

- Aus einem biblischen Pergament-Fragment heraus scheint im gewittrig-roten Abendhimmel aus der Distanz von 20 Jahrhunderten die echte Toten-Maske des grossen Nazareners zu uns herüber

- Darunter steht der hebräische Text: Vater! Dein Wille geschehe!

- Die Totenmaske Jesù:
Es ist das dreidimensionale Bildnis das durch Computer-Tomographie in zwei Jahren Arbeit durch den italienischen Professor Giovanni Tamburelli dem Turiner Grabtuch entnommen und von den Verletzungen der Kreuzigung befreit wurde. Dieses Bildnis ging in Italien ('La Famiglia cattolica', Ostern, 1985) in die Presse und ist das beste Bildnis der Physiognomie Jesù das wir heute besitzen.

  Die buschigen Augenbrauen scheinen auf Zorn in der Wesensart hinzuweisen (Evangelien-Berichte!), die lange Nase auf eine hohe Statur (1,83 m gemäss Ausmessungen im Turiner Grabtuch), die weich geschwungene Mundpartie weist auf Gewaltlosigkeit und Erbarmen hin (man sah ihn nie lachen, aber oft weinen, heisst es in einem zeitgenössischen Bericht). Der ganze Ausdruck ist hoheitsvoll, unnahbar, hoch intelligent und verinnerlicht. Dazu passen die Kommentare der Evangelisten:
'Er ging stets allein der Jüngerschar voraus, die in respektvollem Abstand folgte.' - Es ist ein Gesichts-Ausdruck wie er zu seinem berühmtesten Gebet, dem 'Pater Noster', nicht besser passen könnte.

- Die Engelschar am Abendhimmel, die Erhöhung Christi zelebrierend

- Das schwankende Kreuz steht für die schwankenden Fundamente der Ekklesia, der katholischen Mutterkirche

- Der Dal-See bei Srinagar un das Vorgerbirge zum Himalaya, in Kaschmir, Nordwest-Indien, wo Christus das Zweite Leben verbrachte und im hohen Alter von 114 Jahren eines natürlichen Todes starb

- Die Titel: Was geschah n a c h Golgatha ??

Christus hat das Kreuz auf wunderbare Weise überlebt, durch die Hilfe Gottes. Somit stellt sich die Frage nach seinem weiteren Verbleib und Wandel unter uns. Die Antwort ist eine grosse Ueberraschung:

Der seltsame Sieg am Kreuz

Im Augenblick als Christus am Kreuz den Geist aufgab, in scheinbar tiefster Resignation, begann er, über den halben Erdkreis zu herrschen

- Dieses kleine Büchlein stellt eine kurze Einführung dar zu den auf der inneren Titelseite vorgestellten Werken:

1) DIE EPISCHE ERZAEHLUNG DES LEBENS CHRISTI -

oder seiner Zwei Leben - vor und nach der Auferstehung - auf der geschichtlichen Wahrheit beruhend. Diese ist als Trilogie, in drei Bänden, erschienen unter dem Titel 'CHRISTUS-Was am Anfang war'. Die historisch bekannten Fakten folgende faszinierende und berührende Geschichte um Christus spielt in der antiken römisch-griechisch-jüdischen Welt. Sie beginnt mit dem Makkabäer-Aufstand der Hasmonäer-Familie aus Galiläa und ihrer Eroberung des Königstitels über ganz Israel in der Zeit um 163-142 vor Christus, begleitet die bekannten und viele unbekannt gebliebene Auftritte und Episoden des Nazareners bis zur Kreuzigung auf dem Galgenhügel zu Jerusalem, und weiter - nach der Auferstehung - nach Damaskus und später nach Indien und berichtet über die erstaunlichen unbekannt gebliebenen Erfolge im 'Gelobten Land' Kaschmir in seinen Bemühungen, den antiken Buddhismus zu reformieren und diesem zu grösster Verbreitung zu verhelfen unter der Schirmherrschaft der Könige von Kaschmir. Zahlreiche Ereignisse im fernen Indien wie auch Predigten und Sprüche Christi sind in Band 3 erzählt, bis zu seinem natürlichen Hinschied im biblischen Alter von 114 Jahren, im Jahr 107 post - seiner eigenen Zeitrechnung!

2. DAS CHRISTUS-RAETSEL - Die Beweise

Dieses Sachbuch weist ca 800 Seiten auf und zerfällt in zwei Teile: Das Buch der Zweifel, und das Buch der Wahrheit. Es dokumentiert, Schritt für Schritt, die beiden Lebensläufe Christi, vor und nach der Kreuzigung, bestätigt fast ausnahmslos die bekannten Evangelien-Berichte, zeigt aber auch sehr viel uns bis heute aus nachvollziehbaren Gründen zwar, doch eben tunlichst Verschwiegenes auf, nicht nur aus der galiläischen Wandertätigkeit, sondern aus seinem zweiten Leben in Indien, nach der Ueberwindung des Kreuzes, und seine dominante Rolle in der Reformation des Buddhismus zum sogenannten 'Grossen Fahrzeug', dem Mahayana, das so stark von jesuanischen Zügen geprägt ist.

**

Diese Bücher sind unter den folgenden Anschriften erhältlich:

Markus von Friedland   Der Autor
Postfach No. 9852   Markus von Friedland
CH-8036 Zürich (Schweiz)

Fax: 0041 43 960 92 54, e-mail: m_von_friedland@hotmail.com

BOD-Books on Demand Publikationen
Gutenbergring 53
D-22848-NORDERSTEDT/NRW, (Deutschland)
Fax: 0049 (0)4053 43 35 84

ungefähre Kosten in Euro: Seiten:

Was geschah <u>nach</u> Golgatha, Einführung,   80   E. 20.-
Christus-Epische Erzählung, 3 Bände   1600   E. 119.-
Das Christus-Rätsel- Die Beweise   800   E. 49.-

Christus:

Was geschah nach Golgatha?

(Der seltsame Sieg am Kreuz)

Zu Bethlehem geboren
Zu Jerusalem gekreuzigt   In Kaschmir begraben

2. Worum es geht

Jesus Christus, die Epiphanie Gottes auf Erden, ist ohne Zweifel die schillerndste, aber auch rätselhafteste Gestalt der bekannten Weltgeschichte. Sein Erscheinen teilte die Geister schon zu seinen Lebzeiten. In Gläubige und Skeptiker. Er hat der Menschheit einen ungeheuren Auftrag erteilt: gegen die Gesetze der Natur zu leben, den Schwachen vor dem Starken zu schützen, dem von der Natur Benachteiligten ein menschenwürdiges Dasein zu verschaffen, den Kampf gegen die Armut - nicht gegen den Reichtum! - aufzunehmen und schliesslich, mittels des grossen Liebesgebots, die kriegerische Auseinandersetzung mit Mord und Totschlag ganz schlicht abzuschaffen und durch humanere und mildere Formen der Auseinandersetzung, etwa den sportlichen Wettkampf, zu ersetzen.

Nach rund 2000 Jahren Christentum sind unendlich viele Fehler begangen worden, aber ein beachtlicher Teil dieses gewaltigen und doch so schlichten Programmes ist verwirklicht worden. Das halbe Ziel des spektakulärsten Auftrags an die Geschichte der je erteilt wurde, ist erreicht. Nicht etwa, dass das Böse vermindert worden wäre, aber die Auswirkungen des Bösen auf die Menschheit als Gesamtes sind gewaltig vermindert worden. Es ist nicht übertrieben zu behaupten, dass heute, trotz noch vielseitig bestehendem und immer neuem Elend, rund 2/3 einer zehnmal grösseren Menschheit als damals besser leben als Adam und Eva im Paradies.

*

3. Christus - weit mehr als der Messias ?

Es müsste eigentlich Millionen von Menschen interessieren - und es interessiert auch - Genaueres zu erfahren über die dramatischen Lebensumstände dieses von Gott gesandten Menschen unter Menschen und endlich in der Lage zu sein, Dichtung und Wahrheit durch die Nebel der Vergangenheit zu unterscheiden, und den eigentlichen, menschlichen - nicht den verklärten und mystifizierten - Christus klarer zu erkennen Wir dürfen es vorweg nehmen: Diese heute dringend erforderliche Korrektur zeigt uns zwar einen in mancher Beziehung unerwartet anderen Christus als der Gepredigte, aber sein Werk wird noch gewaltiger und wunderbarer, und seine göttliche Begabung wird noch unfassbarer und beeindruckt aufs neue, wie damals seine unmittelbare Umwelt. Sein Bild wird deshalb noch grossartiger weil wir erkennen können, dass das Licht, das er gekommen war anzuzünden in dieser Welt, hauptsächlich durch seine unwahrscheinlichen Anstrengungen, aber auch durch seine ausserordentliche Begabung zum Strahlen kam, und dass der Anteil Gottes des Vaters an diesem Wunder geringer ausfällt, als bis heute allgemein angenommen worden ist.

Schon die Geburt Jesù von Nazareth im politisch hochgeladenen Spannungsfeld Rom-Jerusalem erscheint aussergewöhnlich. Die grosse Konjunktion von Jupiter und Saturn in den Fischen im Jahre 7 ante astronomisch (a) ist offenbar ein voraus berechnetes Zeichen für die Geburt des prophezeiten Weltenherrschers, Friedensfürsten oder Erlösers. War auch dessen Geburt Bestandteil eines geheimnisvollen Planes der 'Stillen im Lande', wobei die Zeugung zum richtigen Zeitpunkt in der dazu ausersehenen Familie erfolgte? In Uebereinstimmung mit dem Erscheinen des Sterns von Bethlehem? War es die Geburt eines hasmonäischen Thron-Prätendenten welcher dazu ausersehen war, tatsächlich den Clan des Herodes, und wo möglich auch die Römer, aus dem Lande zu vertreiben? Oder deutet die Reise der Magier aus dem Osten, die späteren Heiligen Drei Könige, auf Besuch aus Persien und Nordwest-Indien hin, wo der Buddhismus praktiziert wurde und man, damals rund 500 Jahre nach Buddha, seine für jenen Zeitpunkt angekündigte Wiedergeburt suchte? Oder war er ganz

einfach der erhoffte Messias, eigentlich gesalbter Priesterkö-
nig Israels der das alte David-Reich wieder herstellen sollte?
Oder war er die absichtlich gezeugte Wiedergeburt des
'Grossen Lehrers der Gerechtigkeit' welcher anno 162 ante
historisch (h) den Kloster-Orden von Qumran am Toten Meer
begründet hatte welches zum Vorläufer des Essener-Ordens
wurde?

4. Jesus und Johannes -
Geheime Thronerben einer entmachteten Dynastie?

Alles deutet darauf hin, dass die Zeugung Jesu, und auch
seines Vetters Johannes, in ein und derselben Familie - kein
Zufall war. Maria wusste seit Anbeginn um eine Verheissung,
um ein Versprechen um ihren Sohn welches ihr gemacht worden war, damals im Alter von nur 15 Jahren.

Jesus hat mit Sicherheit den ersten Teil seines Lebens dem
Studium aller vorhandenen religiösen Schriften gewidmet, ist
dabei aber im Kreise seiner Familie mit vier Brüdern und zwei
Schwestern aufgewachsen und mag als ältester Sohn alle
Hände voll zu tun gehabt haben, um beim Familienunterhalt
mit zu sorgen. Eine zeitweilige, spätere Ausbildung in Alexan-
drien in Aegypten und eine Intensiv-Erziehung in der frühen
Jugend, etwa vom 6-12 Altersjahr mit Studienjahren in Qumran am Toten Meer, ist in hohem Masse wahrscheinlich.

5. Die irrige Auslegung einer tibetanischen Legende

Die derzeit verbreitete Geschichte von einer Jugendreise Jesù
nach Indien zwischen seinem 13. und 28. Lebensjahr ist von
der Hand zu weisen. Auch hat die nur bei Lukas berichtete
Geschichte vom zwölfjährigen Jesus im Tempel, der die
Schriftgelehrten in Erstaunen versetzt, eher symbolischen
Wert. Es sei denn, der junge Jesus hätte eben seine Ausbil-
dungsjahre in Qumran bei den Essenern beendet, sei von seinen Eltern zum Bar-Mizwa, der jüdischen 'Kommunion' im
Alter von 12 Jahren nach Jerusalem mitgenommen worden
und hätte nun sein Wissen in einer Diskussion im Tempel er-
probt. - Die Geschichte von Jesù Wanderungen in Indien, welche dem Russen Nikolaus Notovitch 1887 im Kloster Hemis in

Ladakh in die Hände gefallen war - wir kommen am Schluss dieses Essays noch darauf zurück - entpuppt sich bei näherem Zusehen als eine Machenschaft späterer buddhistischer Chronikschreiber. Aber - diese hätten wohl nie über Jesus geschrieben, wäre er nicht, viel später, nach der Auferstehung, tatsächlich zu ihnen gekommen und hätte über sein Leben und die Ereignisse im fernen Palästina und von seiner eigenen Kreuzigung berichtet! Was um so glaubhafter erscheint als er ja seine Narben nicht verbergen konnte.

Die beiden Knaben, Johannes und Jesus, sind als Erbprinzen einer anno 37 ante entmachteten Dynastie, jener der Hasmonäer (auch Makkabäer genannt), geboren worden, leben aber in einer Zeit in welcher eine politische Rückeroberung Palästinas von den Römern ausser Frage steht. Also konzentrieren sie sich nun auf die Herabrufung eines Gottesreichs auf Erden, eine wahrhaft visionäre Idee. Johannes ist um sechs Monate älter als Jesus, und er ist es, der den ersten Versuch machen muss. Als der Jüngere unterstellt sich ihm sein Vetter Jesus bei der Taufe am Jordan. Vorläufig. Jesus hatte schon seit langem auf diesen Vorstoss des Johannes gewartet. Aber nach dessen jähem Tod durch die Enthauptung auf der Herodes-Festung Machairus in Transjordanien ändert sich die Lage radikal. Jesus zieht sich für zehn Monate nach Galiläa zurück. Es ist die Zeit der grossen Zäsur.

6. Das lange Schweigen

Jesus hat sich offenbar mit Johannes über die Samaritaner-Mission entzweit. Bis jetzt hat er im Sinne der Verkündigung des Johannes gepredigt und ist nicht sonderlich angefeindet worden. Auch die Tempelreinigung fällt in diese Zeit und wir als einen zelotischen Akt im Sinne des Aufrufs zur Umkehr gesehen und toleriert. Nun aber bleibt Jesus fast zehn Monate im Norden und bereitet seinen eigenen Auftritt vor. Er tritt jetzt plötzlich mit einer revolutionären Lehrmeinung hervor. Er bricht in jenem Frühjahr 31 post h. mit der Thora, er bricht vor allem aber auch mit Qumran aus dessen Bewegung beide, Johannes und er, Jesus, zum guten Teil hervor gegangen waren. Jesus setzt nun eine ganze Reihe der ausgetüftelten und unrealistischen, wirklichkeitsfremden Gebote des mosaischen

Judentums ausser kraft (...ich aber sage Euch!). Er verwirft den versteinerten, religiösen Formalismus und beschwört einen gütigen, barmherzigen Vatergott herauf. Er ist es, der den zornigen Gott Jahwe des Alten Israel in einen Gott der Güte und der Nachsicht und der Vergebung verwandelt. Niemand vor ihm hat es je gewagt, den Unaussprechlichen mit dem einfachen 'Vater im Himmel' anzureden! Das allein schon war in den Ohren der Juden, damals wie heute, eine unerträgliche Gotteslästerung.

Die Jünger Jesù waren die Wahl der ersten Stunde. Aber bald erwies es sich, dass keiner unter ihnen den hohen Anforderungen, die sich Jesus selber stellte, gewachsen war. Sie konnten in dem dramatischen Plan der in Jesus heran reifte nur geringe Rollen übernehmen. Die Hauptakteure mussten andere sein. Leute von Rang und Einfluss welche Christi grandiosen Plan gelingen lassen konnten, sofern Gott beistehen würde.

Jesus von Nazareth kämpfte verzweifelt um seine eigene Identität. 'Wer glaubt i h r, dass i c h sei?' ruft er seinen Jüngern fragend zu. In eine verarmte Königs- und Priester-Familie vaterlos hinein geboren, mit hasmonäischen Vorfahren mütterlicherseits und adopti-väterlicher Abstammung aus dem Hause David, mit geheimen Versprechen über eine Messias-Anwärterschaft versehen, von der Natur hervorragend ausgestattet, ohne körperliche Fehl und Tadel, um einen Kopf grösser gewachsen als die meisten seiner Landsleute, mit ganz ungewöhnlichen Geistesgaben beschenkt, kombiniert mit erstaunlichen magischen Heilkräften, wusste Jesus schliesslich lange nicht wozu er nun wirklich bestimmt war. Er hat jahrelang zum Vater gebetet, er möge ihm seine Identität offenbaren. Aber während wir von den Propheten des Alten Israel ständig lesen, dass Gott zu ihnen gesprochen hätte damit sie seinem Volk seinen Willen kund täten, hören wir niemals ähnliches von Christus. Er spricht Tag und Nacht zum Vater. Aber von den Worten des Vaters zu ihm hören wir nichts. Jesus erfasst, dass er nicht der verheissene politische Messias sein kann, noch der Thronprätendent für den Königs-Priester-Thron zu Jerusalem, noch einfach die Wiedergeburt des 'Lehrers der Gerechtigkeit' von Qumran. Allmählich wird es ihm mit geheimem Schrecken klar: Ich bin der 'Menschensohn aus

Henoch', ich bin der Sohn Gottes, eine Erscheinungsform Gottes auf Erden unter den Menschen. Und er ist sich auch sofort der Gefährlichkeit einer solchen Rolle bewusst. Daher alle erdenklichen Massnahmen zur Geheimhaltung seiner Identität. Er will seinen Gott verkünden und das Himmelreich auf Erden eröffnen, aber er selbst muss inkognito bleiben, wenn er sein Werk vollbringen soll.

Aber das Volk will nicht auf ihn hören. Der Erfolg seiner unerhörten Bemühungen ist gering. Man profitiert zwar gerne von seinen Heilkräften, man ist beeindruckt von seiner Lehre vom Neuen Menschen, der neuen Moral und dem neuen Charakter Gottes, aber man versteht seine Anspielungen und seine verschleierten Selbstdarstellungen nicht. Will und darf sie nicht verstehen. Zu ungeheuerlich sind die Konsequenzen: Was soll man von einem halten, der da spricht: 'Siehe, wo ICH bin, ist das Reich mitten unter Euch!' Und: 'ICH bin der Weg, das Licht und das Leben!' und ist doch aus Fleisch und Blut? - So ungefähr mögen die Menschen damals gedacht haben, so empfanden oft auch seine Jünger.

7. War eine Bewusstseins-Veränderung im Spiel?

Jesus zeigt einen ausgesprochenen Sinn für Dramatik. Er weiss, dass er nur reüssieren kann, wenn es ihm gelingt, Gott zu zwingen, vor aller Oeffentlichkeit, am heiligsten Tag des jüdischen Jahres, dem Passahfest am heiligsten Ort des Landes, angesichts des grossen herodianischen Tempels, zu ihm zu stehen, sich ihm zu offenbaren, ihn als seinen Sohn zu bestätigen, vor aller Welt. Sollte Gott aber schweigen, dann hat Jesû Selbst-Interpretation versagt, dann ist er dass Opfer einer grauenhaften Fehleinschätzung geworden, dann hat er es verdient, als Abfallprediger hingerichtet zu werden. Aus der Resignation der drohenden Niederlage reift der welthistorische Meisterplan des Dramas von Golgatha in Jesus heran.

Wir werden nie hinter das Geheimnis von Jesù Selbstbewusstsein kommen welches einzigartig dasteht in dieser Welt. Wir wissen nicht, ob Jesus unter Paranoia gelitten hat, ob er sich in krankhaftem Grössenwahn in das Bewusstsein, selbst Gott zu sein, hinein gesteigert hat, ob er Bewusstseins erweiternde Drogen und Gifte eingenommen hat. Manches deutet darauf hin, u.a. auch die gnostischen Himmelfahrten, der traumhafte Aufstieg zu Gott, welche er gemäss dem Geheimen Evangelium mit seinen allervertrautesten Anhängern in langen Nächten zelebriert haben soll, nicht unähnlich den griechischen Mysterien. Fest steht, dass er beschloss, Gott am Kreuz heraus zu fordern, in aller Demut, und während des Winters 31/32 post h., als er allein in Jerusalem weilte, die entsprechenden Verbindungen zu den 'Stillen im Lande' schuf, welche ihm bei diesem gewaltigen Unterfangen Hilfe leisten konnten. Fest steht aber auch, dass er sich im entscheidenden Augenblick vor dem Präsidenten des versammelten Synhedriums der 72 Räte, dem höchsten Religions-Tribunal All-Israels, am frühen Karfreitagmorgen auf die Frage: 'Bist Du es?' mit der heiligen hebräischen Theophanie-Formel 'ANI HU' bezeichnete. Das heisst nicht einfach: Ja, ich bin es. Das heisst, ganz unmissverständlich: 'Ja, ICH bin ER! (Gott in Person)GOTT! - Nur dieser Ausspruch konnte zur sofortigen Verurteilung zum Tode und zur Vollstreckung führen.

8 ... und w e r sagt ihr, dass i c h sei ?

Die Gefahr, dass sein Plan durch Einweihung seiner Jünger im voraus verraten und somit zunichte gemacht würde, war zu gross. So mochte schliesslich jeder ein Rädchen sein im grossen Getriebe welches an Passah seinen Urstand feiern sollte, aber niemand kannte die Tragweite dieses Planes ausser Jesus selbst. Da er das Urteil Gottes nicht voraussehen konnte, musst er alle Möglichkeiten offen lassen, auch jene, eventuell doch als Messias bestätigt zu werden, oder als Gottes Sohn, als Menschensohn im Sinne der Henoch-Tradition des Alten Testaments, als König der Juden aus dem Hause Hasmon und David zugleich. Oder auch als keines von allem. Der Messias aber war durch die Propheten verheissen, dass er auf einer Eselin im Triumph in Jerusalem erscheinen, an einem Passahfest das Friedensreich Gottes auf Erden errichten und die glückliche Endzeit ankündigen würde. Jesaia aber spricht in seiner grossen Prophezeiung vom 'Grossen Gerechten' der da kommen werde, vom Schmerzensmann Gottes, der verflucht, bespeit, gegeisselt und gefoltert werden sollte, und der - nachdem er Sühne getan und für sein Volk gelitten hätte- schliesslich von Gott errettet werden sollte.

Alle Vorbereitungen wurden getroffen, um diese Prophezeiung in die Tat umzusetzen und um die Voraussetzungen zu schaffen für die Herabkunft Gottes und des Himmelreichs an diesem Passah 32 post h. Jesus war offensichtlich davon überzeugt, dass zuerst die prophezeiten Bedingungen geschaffen werden müssten um Gott zu veranlassen, sein Versprechen einzulösen. Jesus von Nazareth musste und wollte zur von ihm bestimmten Stunde gefangen, verhört und hingerichtet werden und hatte gleichzeitig alle Vorbereitungen getroffen, um Gott sein Ueberleben wenigstens möglich zu machen. Er selbst zitterte vor der Gewaltigkeit seines Unterfangens, zum von ihm bestimmten Zeitpunkt und eigenmächtig vor den Allmächtigen treten zu wollen und schwitzte in Gethsemane vor Angst, einmal vor den bevorstehenden Martern, aber auch davor - dass die Gefangennahme nicht, oder zu spät erfolgen könnte!

'Vater, lass diesen Kelch an mir vorüber gehen - aber Dein Wille geschehe, nicht meiner!' lautet das inbrünstige Gebet an den Vater. Jesus möchte nicht sterben, er möchte, mit Gottes Hilfe, dessen Neues Bild und seine Neue Lehre weiter unter den Menschen verbreiten können. Aber das Werk ist zu gross. Er kann es ohne aktive Unterstützung Gottes nicht vollbringen. Gott möge ihn also erretten und vor aller Augen damit als seinen Sohn, oder als Messias, oder als seinen Botschafter erkennen. Oder aber sein Opfer annehmen und ihn verwerfen wenn er, Jesus, sich zutiefst geirrt haben sollte. Eigenartig mutet es an, dass die Propheten Israels zu allen Zeiten direkte Zwiegespräche mit Gott geführt hatten und dessen Anweisungen lautstark an das Volk weiter gaben. Nicht so Jesus. Er gibt Gottes Wort in seinem eigenen Namen weiter: ... ICH aber sage Euch! Er hat sich niemals als Prophet bezeichnet. Denn er ist mehr als ein Prophet, mehr als der Messias, mehr als der Menschensohn; er ist eine Epiphanie Gottes auf Erden! - Aber nur er weiss es. 'Niemand kennet den Vater, als wem der Sohn ihn offenbaren will.' Und: 'Der Vater hat mir alles übergeben, im Himmel und auf Erden.' Er wird sein grosses Geheimnis, das seinen Jüngern nur andeutungsweise bekannt, aber niemals bestätigt wurde, in kürze preisgeben müssen. Dann aber wird ihm die unverzügliche Hinrichtung gewiss sein. Die Art der Hinrichtung die auf Gotteslästerung steht, ist die Kreuzigung. Und wie kommt man bei einer Kreuzigung durch die unerbittliche, unparteiische römische Justiz- und Vollstrek-kungs-Technik hindurch mit dem Leben davon?

Jesus vollzieht das Sedermahl einen Tag vor dem Passah, nach dem Ritus der Essener an dem, im Gegensatz zur offizi-ellen Gepflogenheit, nur Männer teilnehmen dürfen, insgeheim innerhalb der Stadtmauern von Jerusalem, im Hause des Prie-stersohnes Johannes, seines Lieblings-Jüngers. Er nimmt wirklichen Abschied, da er selber nicht damit rechnet, dass er errettet wird, und wenn, dann wohl nicht in irdischer Form. Er setzt ganz im Sinne der Gnostik einen mystischen Ritus ein zur Beschwörung des Neuen Bundes und des Neuen Gottes-Verständnisses, des Gottes der Barmherzigkeit. Sein Blut und sein Fleisch und sein Name sollen ein ewiges Zeichen werden für die Kräfte des Lichts im Kampfe gegen die Kräfte der Fin-sternis. Und des Erbarmens Gottes über alle Kreatur. - Judas hat den Auftrag, den Behörden den Aufenthaltsort Jesu in Gethsemane in jener Nacht zu verraten. Aber Judas weiss nicht, warum er das tun muss. Er tut es einfach, weil es ihm vom Meister befohlen worden war. Schliesslich ist es auch Jesus der ihm ganz klar sagt, wann er gehen soll. Nicht vorher und nicht später. Jetzt. Als Judas darnach sieht, wohin sein 'Verrat' geführt hat, hängt er sich aus Verzweiflung an einen Baum. Oder ist er umgebracht worden, damit sein Teil am Plan diesen nicht verrate und das ganze Werk nicht misslin-ge?

9. Die heilige Theophanie-Formel:
   ANI HU! - Ja, ICH bin ER ! (Gott selber)

Die Gefangennahme erfolgt in der Nacht im Scheine der Fak-keln. Dann kommen im Morgengrauen in rascher Folge die Verhöre, zuerst vor dem alten Hannas, dann vor dem rasch einberufenen Synhedrium, die Anklage, die widersprüchlichen Zeugen, die Kernfrage des Hohepriesters Joseph Kaiphas: 'Bist DU es?' - Jesus hat bis jetzt geschwiegen. Gemäss Je-saia verteidigt sich der Schmerzensmann Gottes nicht. Jesus könnte weiter schweigen. Er könnte hunderterlei nicht kom-promittierende Antworten geben. Er tut es nicht. Es ist die Hora Revelationis, die Stunde der grossen Wahrheit: 'ANI HU!' hört man ihn sagen. Klar und deutlich. Der Rat hält den Atem an. Bestürzung, dann einhelliger Zorn. Kaiphas zerreisst seinen Rock. Die Ratsherren tun es ihm nach, einer nach dem anderen. Das Unerhörteste ist gesagt worden: *'Ich bin ER (Gott) der vor euch steht.'* Die heiligste, unaussprechbare Theophanie-Formel, die nur JAHWE allein für sich in Anspruch nehmen darf!

Jesus von Nazareth hat sein sofortiges Todesurteil in voller Absicht provoziert. Die Beweise hätten nicht ausgereicht. Der Prozess ist nach den Gesetzen fehlerfrei geführt worden. Man überbringt den Todgeweihten nun dem römischen Statthalter, Pontius Pilatus, welcher allein das Urteil bestätigen kann, da den Juden die Blutsgerichtbarkeit entzogen worden war. Pilatus versteht das Ganze nicht, wittert eine Falle der immer gerissenen Juden um ihn herein zu legen, versucht, die Sache abzuschieben. 'Galiläer ist er? - Da bin ich nicht zuständig. Bringt ihn zu seinem Landesherrn, dem König Herodes-Antipas, der ebenfalls in Jerusalem weilt.'

Aber auch der Johannes-Mörder Antipas wird durch Jesus hartnäckig angeschwiegen. Dieser ist schwer enttäuscht, von ihm kein Wunder zu sehen und lässt ihm zum Spott einen königlichen Purpurmantel um die Schultern hängen und schickt ihn zu Pilatus zurück. Nun ist Eile geboten. Es geht bereits gegen die Mittagsstunde.

10. Des Meisters Plan

Die Kreuzigung muss am frühen Freitagmittag erfolgen, damit die Tortur am Kreuz nicht zu lange daure und die Ueberlebens-Chancen gewahrt bleiben. Erfolgt die Kreuzigung zu früh, so dauert das Hängen - gefährlich - lange, erfolgt aber die Verurteilung zu spät, so wird die Hinrichtung, die am Sabbat und an Passah verboten ist, auf die Tage nach dem Feste verschoben. Und dann sind alle Hoffnungen auf eine Errettung (auf natürliche Weise) vernichtet und der Tod gewiss. Genau das aber muss vermieden werden. Das erklärt auch zum Teil das Schweigen Jesu bei den Verhandlungen. Hätte er sich verteidigt, oder auch nur diskutiert, so wäre äusserst wertvolle Zeit verloren gegangen. So aber verläuft alles nach Plan. Die Kreuzigung kann kurz vor Mittag erfolgen, um die 6te

Stunde (d.h. 12 h mittags). Die strengen Sabbatgesetze schreiben vor, dass niemand am Kreuz hängen darf über die heiligen Tage. Nach Sonnenuntergang ist auch die Berührung mit Leichen für gläubige Juden strengstens verboten. Also konnte man damit rechnen, dass die Gehängten vor Sonnenuntergang vom Kreuze genommen würden, was auch geschah. All das war voraussehbar. Also musste für dreierlei zusätzlich gesorgt werden: für eine absolute Bewusstlosigkeit Jesù am Kreuz; als Folge davon das Vermeiden des Zerschlagens der Schienbeine (wie das bei den Mitgekreuzigten geschah), und die Sicherstellung des tot geglaubten Körpers durch seine Freunde in einem sicheren Versteck.

Und genau das ist in Wirklichkeit geschehen. Genaue Absprachen waren getroffen worden mit einflussreichen und zuverlässigen Persönlichkeiten aus dem Kreise der 'Stillen im Lande', jener Anhänger der Neuen Lehre Jesù, die mit ihm das Gottesreich erwarteten und insgeheim an seine Mission glaubten. Es waren mit Sicherheit verschiedene Personen, aber nur zwei erscheinen uns mit Namen in den Evangelien. Bezeichnenderweise ein Arzt, Nikodemus, ein Jude mit hellenistischem Namen, und Joseph von Arimathäa, ein Ratsherr und Mitglied des grossen Synhedriums, desselben Gremiums also, das Christus am frühen Vormittag zum Tode verurteilt hatte. Ein weiteres Ratsmitglied und Thora-Lehrer der pharisäischen Richtung scheint Gamaliel gewesen zu sein, der die Sache Jesù insgeheim unterstützte. Tatsächlich erscheint, kurz nachdem Jesus am Kreuz seinen Geist aufgegeben hatte, also tief bewusstlos am Kreuze hing, Nikodemus unter dem Galgenholz, offensichtlich mit der Aufgabe, den Zustand Jesù zu beurteilen und dafür besorgt zu sein, dass dem Körper keine tödlichen Verletzungen zugefügt werden, während Joseph von Arimathäa zu Pontius Pilatus eilt um dort die Erlaubnis einzuholen, den Körper Christi abnehmen und begraben zu dürfen. Dies war die kritischste Phase des Plans.

11. Half ein Gift zum Scheintod am Kreuz ?

Als Jesus nach Vollendung seiner Gebete sagte: 'Mich dürstet', wurde ihm auf einem Yssopstengel (Uebersetzungsfehler:römischer Speer) ein Schwamm gereicht, angeblich mit Essig und Galle. Diese Mischung sollte eigentlich den Kreislauf anregen und die Schmerzen etwas lindern. Statt dessen erfolgt bei Jesus, wohl zur Ueberraschung vieler, gleich darauf ein totaler Kollaps. War da noch etwas Anderes drin im Schwamm? Möglicherweise ein Gift, gewonnen aus der Schwalbenwurz, welche auch das berauschende Soma-Getränk der alten Veden für deren Rituale in den Steppen Asiens und im nördlichen Indien abgab? Diese Pflanze wird bis heute in Tirol noch Judenwurz genannt. Trance, tiefe Bewusstlosigkeit und zeitweilige Sehstörungen konnten die Folge sein. Dieses Soma-Getränk wurde möglicherweise auch bei den nächtlichen Mysterien-Feiern verwendet, wie sie im Geheimen Evangelium erwähnt sind, und es ist nicht auszuschliessen, dass ein derartiges Getränk als Ursache der mehrtägigen Benommenheit und Blindheit des Saulus/Paulus vor Damaskus im Spiele war. - Naheliegend wäre auch die Verwendung einer hochgiftigen Solaneazee, dem sogenannten Sodoms-Apfel, gewesen. Dessen gelbe, kugelige Früchte reifen ausgerechnet im März/April am Toten Meer, wo ja einst das biblische Sodom lag. Das Gift dieser Früchte ist in Arabien noch heute bekannt dafür, dass es Katalepsie und Scheintod hervorrufen kann. Ist es denkbar, dass bei der Erweckung des Lazarus, die nur 2-3 Wochen vor der Kreuzigung Christi erfolgte, die für Golgatha erforderliche Dosis berechnet wurde?

Jesus hat am Kreuz den 22. Psalm der Väter gebetet, nach alter Sitte den längeren Teil mit murmelnder, daher kaum verständlicher Stimme, entscheidende Stellen wieder laut und deutlich, vor allem den Schluss dieses Psalms: ....es ist vollbracht! - Unmittelbar nach dem Getränk aus dem Schwamm schreit Jesus laut auf: 'Mein Gott, mein Gott, warum hast Du mich verlassen!?' Dies ist ein Skandalon in der christlichen Ueberlieferung welches niemand zu erfinden gewagt hätte. Und die Kirche hatte zu allen Zeiten grosse Mühe mit diesem Ruf der Verzweiflung vom Kreuz, der durch die Jahrhunderte hallt. Kein Zweifel, die Ueberlieferung ist echt. Und wie immer man diesen Ruf des Schreckens auszulegen oder zurecht zu biegen versucht: Der Sinn bleibt unabänderlich derselbe - es ist ein Ruf der Verzweiflung. Gott hat sein Ebenbild auf Erden im Stich gelassen, ihn aufgegeben. Er hat nichts zur Errettung Jesù getan. Jesù Selbst-Interpretation war falsch, er ward, wie es in diesem Augenblick scheint, zu Recht als Abfallprediger ans Kreuz geschlagen. Es ist die totale Niederlage. Er weiss zwar um die getroffenen Vorbereitungen zu seiner Rettung, aber die Lage erscheint derart aussichtslos, dass er im Begriff ist, aufzugeben, selber nicht mehr an das vorbereitete Wunder glaubt, an dessen Gelingen er wohl von Anfang an gezweifelt hat.

Während Joseph von Arimathäa bei Pilatus weilt und dieser einen Centurion auf Golgatha schickt um prüfen zu lassen, dass der Gehenkte tatsächlich schon verschieden sei - der Fussweg von der Schädelstätte zur Burg Antonio mag etwa 10-15 Fussminuten betragen haben -, sucht Nikodemus den für die Hinrichtungen verantwortlichen römischen Offizier, Longinus mit Namen, zu überzeugen, dass Jesus tatsächlich gestorben sei. Es wird ihm um so mehr Glauben geschenkt, als dieser sich als Arzt ausweisen kann und zu dem niemandem als Anhänger Jesù weiter bekannt ist. Trotzdem: Der römische Hauptmann muss absolut sicher sein, denn sonst wäre sein eigenes Leben sofort verwirkt. In Anwesenheit des Centurions, welcher den Tod des Verurteilten bestätigen soll, stösst Longinus mit seiner langen, schmalen Lanze in Jesù Seite - nicht in die Seite des Herzens, sondern links, zwischen die fünfte und sechste Rippe. Es entsteht ein etwa 10 cm breiter Schnitt aus dem sofort Blut und Wasser fliesst, wie das im Johannes-Evangelium nachzulesen ist. Johannes war damals etwa 20 Jahre alt und Augenzeuge. Offensichtlich hat der Römer ein mit Wasser gefülltes Oedem aufgestochen, ohne tief ins Körperinnere zu stossen. Es wurde kein lebenswichtiges Organ verletzt, und Jesus reagierte absolut nicht mehr und erschien leblos. Worauf die Bewilligung zur Abnahme vom Kreuz durch Pilatus erteilt wurde. Auch Pilatus, welcher als Bluthund verschrieen war, durfte sich zu diesem Zeitpunkt keinerlei Fehler leisten, da eben sein Protektor in Rom, der allmächtige Antisemit Sejan der anstelle des auf Capri exilierten Kaisers Tiberius herrschte, in Rom wegen Hochverrats hingerichtet worden war. Dies erklärt das behutsame Vorgehen des Pilatus welcher, fälschlicherweise, in der Literatur der Urkirche und in den Evangelien als pro-christlich erscheint, was er kaum gewesen sein dürfte.

12. Christus - lebend beigesetzt

Jesus mag um die elfte Stunde, gegen 17.00 h, vom Kreuz genommen worden sein. Ein Sepulchrum stand, wie wir aus den Evangelien wissen, wie zufällig wenige hundert Meter entfernt in einem privaten Garten des Joseph von Arimathäa bereit. Das allein gibt schon zu denken. Eine provisorische Begräbnisstätte auf privatem Grund, d.h. nicht zugänglich für die Oeffentlichkeit, also ein Versteck zu welchem weder die Frauen aus dem Anhang Jesù noch die Jünger grundsätzlich Zutritt hatten, gleich neben der Hinrichtungsstätte, welche ebenfalls bekannt war als Ort öffentlicher Exekutionen wie sie im Falle Jesù zu erwarten war. Dorthin brachte man den Körper Christi. Es heisst, dass die Frauen rund hundert Pfund (etwa 33 kg!) an Salben und Aloe und ein kostbares Grabtuch mitbrachten. All dies konnte nicht an einem Rüsttag-Nachmittag in Jerusalem gekauft worden sein, sondern schon Tage zuvor. Jesus wurde nicht wie ein Toter behandelt sobald er ausser Reichweite der römischen Soldateska war, sondern wie ein Schwerverletzter. Sein Körper wurde über und über mit Wundsalben bestrichen. Myrrhe-Konzentrate wurden verwendet - welche noch heute als Antiseptikum bekannt sind gegen Blutvergiftung und Infektion - , straff und warm eingewickelt und der Kopf erhöht (!) gelegt, um Ersticken durch innere Blutung, etwa aus der Lunge, zu vermeiden. Auf sein Gesicht wurde ein mit Kampher getränktes Tuch gepresst, um die Atmung anzuregen. Dann schloss man die Gruft mit einem Rollstein - wobei nicht auszuschliessen ist, dass ein weiss gekleideter Helfer aus dem Orden der Essener, ein Engel-gleicher Jüngling - sich zur therapeutischen Pflege mit einschloss und später, früh am Ostermorgen, als Jesus wieder zu sich gekommen war, den Rollstein von innen weg stiess und so mit einem Schreckens-Erlebnis etwaige vom Tempel angeheuerte Grabwachen in die Flucht jagte. Fest steht, dass das inzwischen auch von der NASA - und vom Vatikan - gründlichst untersuchte Linnen, das Grabtuch von Turin, absolut echt ist. (Nachdem der Vatikan 1988 aufgrund angeblich wissenschaftlicher Untersuchungen das Grabtuch als eine Fälschung aus dem Mittelalter bezeichnet hatte, erfolgte im Februar 1991 die offizielle Revision dieses Fehlurteils durch den Vatikan und das katholische Bekenntnis zur Echtheit des

Linnens Christi). Es ist in der Tat die Tunika, in welche Christi Körper im Grabe eingewickelt war, und diese ist überall durchblutet, mit Blut, welches im Grabe aus Jesù Wunden floss. Damit ist eine schwache Herztätigkeit nachgewiesen, denn eine Leiche blutet bekanntlich nicht. Dazu passt auch, dass strenggläubige Juden bei Sabbat-Einbruch niemals eine Leiche berühren dürfen was sie ja im Falle Christi getan hätten - wenn es sich um eine Leiche gehandelt hätte. Denn die Wundversorgung und Bandagierung erfolgte ohne Zweifel nach Sonnenuntergang, in der bereits anbrechenden Dunkelheit.

13. Die grosse Herausforderung am Fluchholz

Ganz ohne Zweifel hat Christus die Kreuzigung auf wunderbare Weise und auf unerwartete Art durch Gottes Hilfe - oder durch seine eigene? - überlebt. Wie es die Propheten verheissen hatten. Wie er es selber gewünscht hatte. Er wurde, zwar mit einem Drohfinger Gottes wegen seiner kühnen Herausforderung am Kreuz, dennoch von diesem errettet und durch sein Wiedererscheinen im Alten Leben bestätigt.

Jesus von Nazareth hat das nahende Reich Gottes auf Erden versprochen, doch die Jahre verflossen, und nichts war geschehen. Die Römer waren stärker denn je. Der Druck der Erwartungen auf die Offenbarung des verheissenen Messias, oder des Gottes-Sohnes, wuchs. Er war gezwungen, eine Entscheidung herbei zu führen, sonst würde der Schwung des Enthusiasmus und der Begeisterung unter seinen Jüngern und Anhängern nachlassen und vielleicht erlöschen. Ein dramatischer Höhepunkt wurde geradezu erforderlich. Jesus stellte sich am Kreuz zur apokalyptischen Schlacht, die er scheinbar verlor. Aber schliesslich durch den genial vorbereiteten und hervorragend ausgeführten Plan - Selbstverrat in Gethsemane, geschickte Todes-Urteil Erwirkung durch die Selbstprädikation als Sohn Gottes, genaue Wahl des Zeitpunkts der Kreuzigung, die Verabreichung des Narkose-Tranks durch eine vertraute Hand hinauf zum Kreuz, die rasche Kreuzesabnahme, Sicherstellung des Körpers durch Freunde und intensive Pflege - gewann.Sein Gebet in Gebet in

Gethsemane war erhört worden. Aber er war dem wirklichen Tode auch mit Glück entronnen. Manches hätte anders verlaufen können. Besonders kritische Augenblicke waren die kaum vorhersehbare Weigerung des Pilatus, den Juden zu willfahren, dann der nicht absehbare Besuch bei König Antipas, schliesslich die Freigabe von Barrabas anstelle von Christus, der Sturz in der Via Dolorosa mit dem Bruch des Nasenbeins der die Atmung am Kreuz noch mehr erschweren sollte, der Lanzenstich in die 'falsche' Seite und die Skepsis des Pilatus über den frühen Tod. Schliesslich hätten Blutvergiftungen und nachträglich tödliche Komplikationen eintreten können. Christus hatte all dies in Betracht gezogen und sich selber nur eine geringe Ueberlebens-Chance eingeräumt. Das geht klar aus seinem Verhalten hervor: endgültiger Abschied von den Jüngern, die Anheimstellung der Mutter Maria an Johannes, der Verzweiflungsschrei am Kreuz. - An diesem Sabbat war noch keine Rede von einer Auferstehung am übernächsten Tag. Eine solche war auch nirgends prophezeit. Die Trauer der Frauen und der Jünger ist echt. Sie sind in die Pläne zur Errettung zu keinem Zeitpunkt und in keiner Weise eingeweiht worden.

Aber diese gelingt. Mit Hilfe von Freunden aus den 'Stillen im Lande', die ebenfalls die Herabkunft des Gottesreichs erwarteten und teilweise laizistische Sympathisanten der Essener-Gemeinde vom Toten Meer waren. Diese gingen im Volke weiss gekleidet. Wie Jesus selbst, mit einem ungenähten Rock. Wahrscheinlich gehörten sie zur galiläischen Sekte der Naziräer (von Nezer = Spross). Diese Leute verhalfen Jesus kurz vor Tages-Anbruch am Ostermorgen aus dem Grab. Tatsächlich erscheint Maria Magdalena noch vor Sonnenaufgang als erste am Grabe - und verfehlt um Minuten, Augenzeugin der Auferstehung zu werden. Die weiss gekleideten Jünglinge (Engel) sitzen noch im Grab und hatten keine Zeit mehr, sich ihr zu entziehen. Jesus hatte das Grab kurz vorher verlassen, vielleicht die ersten Gehversuche gemacht in diesem Garten, als er ebenfalls von der frühen Ankunft Marias überrascht wurde. Von Grabwachen ist in diesem ältesten Markus-Bericht keine Rede mehr zu diesem Zeitpunkt. Der Körper Jesù strotzt von Verletzungen, doch sie sind alle nicht fatal gewesen. Er ist total verhüllt in einen Mantel mit Kapuze,da er sich so unerkannt als möglich davon stehlen muss, ohne dass seine Gesichtsverletzungen und Wundmale an Händen und Füssen gesehen werden. Ein Jüngling der im Grabe sass (!) sagt die folgenschweren Worte zu Magdalena: 'Warum suchst du unter den Toten jenen, der unter den Lebenden weilt? - Er ist nicht hier, sondern auferstanden!' (Quid quaeretis viventem cum mortuis? - non est hic, sed resurrexit!). Auch Maria Magdalena erkennt ihn nicht bis Jesus sie anruft: 'Mirjam!' - Jetzt erkennt sie seine Stimme und antwortet: 'Rabbuni!' Und sinkt zu seinen Füssen, will ihn umklammern. Er aber weist sie ab: 'Berühre mich nicht! Noch bin ich nicht aufgefahren zu meinem Vater.' -

Nach 42(!) Geisselschlägen ist sein Körper eine wandelnde Wunde, jede Stelle schmerzt bei jeder Berührung. Dies leuchtet sofort ein. Aber was ist die rätselhafte Bedeutung der Begründung? - Jesus ist im Augenblick ratlos. Noch weiss er nicht, wie ihm geschieht, ob er wirklich noch lebt, und vor allem: warum? Erwartet er noch die Verwandlung seines Leibes, damit er zum Vater eingehen kann? Alles spricht dafür, dass Maria, verliebt in den Meister, von der Kreuzesabnahme her wusste, dass noch Hoffnung war und daher all zu früh erschien und auch deshalb über das leere Grab bestürzt war weil sie ahnte, dass es keinen Leichnam beherbergt hatte. Jesus aber hat nach all den Qualen nicht mit seinem Ueberleben gerechnet, besonders nicht mehr nachdem Gott kein Wunder tat, um ihn vom Kreuz zu holen. Und im Augenblick kann er sich noch nicht fassen und kann den Willen Gottes noch nicht deuten.

Dass Jesus Christus das Kreuz überlebt hat, ist heute eine in eingeweihten Kreisen, einschliesslich des Vatikans, bekannte Tatsache. Abgesehen von den bereits erwähnten Zusammenhängen gibt es das berühmte Grablinnen von Turin, in das Christi Körper nach der Kreuzes-Abnahme eingewickelt worden war. Das Grabtuch weist eine Vielzahl von grösseren Blutflecken auf, auf denen die Serumhöfe noch nachzuweisen sind. die NASA hat sich intensiv mit der Untersuchung dieser rostroten Stellen befasst und nach zwei Jahren den eindeutigen Befund mitgeteilt: Die Flecken sind menschliches Blut. Keine Farbe, keine Chemikalien, keine Oxyde, keine Fälschungen eines Malers. Blut!... Das Blut Christi, denn das Linnen zeigt haargenau jene Verwundungen auf, von denen in den Evangelien ganz offiziell berichtet wird: die Verletzungen durch die Dornenkrone, die seitliche Oeffnung durch den Lanzenstich, die 2 x 21 Geisselschläge auf Rücken und Beine, die hoch aufgeschwollene rechte Wangenbacke, das gebrochene Nasenbein vom Sturz in der Via Dolorosa her, die schweren Schürfungen über der linken Schulter die vom Holz-Patibulum herrührten. All das ist da. Dazu der ganze Körperabdruck des 1,83 m grossen Mannes. Ein perfekt gewachsener Körper. Mit einem Antlitz, das man nicht vergisst, ordentlich gescheiteltem rotblondem Kopf- und Barthaar, blauen Augen (!), einer eigenartigen Stimme, sanften, hoheitsvollen, auch autoritären Gesichtszügen, durchaus fähig zu Tränen und Zorn, mit einer geheimen Ausstrahlung von Intelligenz und Barmherzigkeit.

14. Das Grabtuch von Turin - Das Linnen

Ein Gesicht, das niemals lachte, aus dem Worte unendlicher Güte kamen, aber auch mächtige Scheltreden (nach dem Bericht des syrischen Legaten Lentulus). Das Blut im Tuch beweist, dass die Herztätigkeit im Grabe nicht ganz aufgehört hatte, denn ein Toter blutet nicht. Aber auch, dass Jesus nicht an den Folgen des Kreuzes gestorben ist, da wir ihm ja nachher öfters begegnen. Bis nach Damaskus, 1 1/2 Jahre danach. Also wird die Frage zwingend: Wenn er weder verschieden war noch in den Himmel auffuhr und - einmal angenommen, man halte es mit den Nestorianern, Chaldäern und Armeniern sowie der syrischen Kirche die alle wussten, dass Christus überlebt hatte - wo und wann ist er denn tatsächlich gestorben, und was hat er in seinem wieder erhaltenen, zweiten Leben noch alles erwirkt und vollbracht?

Das Grabtuch Christi wurde im Jahre 1988 vom Vatikan als mittelalterliche Fälschung dargestellt, nachdem es aufgrund chemischer Untersuchungen C-14 Radio-Karbon Test) kleinster Leinenstückchen in Arizona, Oxford und Zürich als ein im 12. Jahrhundert in Frankreich gewobenes Tuch festgestellt wurde. Dieser Befund kam dem Vatikan natürlich sehr entgegen - man wäre eine äusserst brisante Frage gegenüber der ganzen Christenheit los geworden. Aber leider erwiesen sich für die Kirche nicht das Tuch als Fälschung, sondern die unter suchten Proben. Untersuchungen, welche ausschliesslich in protestantischem Millieu stattfanden, auch von der protestantischen Seite gefordert worden waren. Und bei den zum Untersuch zur Verfügung gestellten Proben für die drei Universitäten - handelte es sich um Leinenstücke aus dem Randbereich, welche im 12. Jhrt. von frommen Klosterfrauen als Flickstoffe eingesetzt worden waren um die starke Abnützung des Grabtuchs an den Rändern durch die Berührung der Gläubigen auszubessern. Es sieht so aus, als ob der Betrug des falschen Musterversands nicht unabsichtlich geschehen sei. Jedenfalls widerrief der Vatikan im Februar 1991, nachdem mehrere Publikationen von Professoren auf dem Markt erschienen waren welche der Kirche gröbsten Betrug vorwarfen, die Fälschungsmeldung vom Jahre 1988 und stellte ausdrücklich fest, dass es sich tatsächlich um die echte Relique, um das authentische Grabtuch Christi handle, das nach wie vor im Turiner Dom in einer Kapelle aufbewahrt wird und vor einiger Zeit (1983) vom Königshaus von Savoyen dem Vatikan vermacht worden war.

Und warum Blut, und keine Chemikalien, oder Farb-Oxydationen?

Ein Experiment, das direkt am Tuch ausgeführt wurde, war die sogenannte 'Röntgenfluoreszenz-Spektral Analyse', durch die es endlich möglich wurde nachzuweisen, dass es sich bei den vermutlichen Blutflecken *tatsächlich* um Blut handelt. Ein Teil des Leinens wurde dabei kurze Zeit einer hohen Dosis von Röntgenstrahlen ausgesetzt, wodurch das Tuch seinerseits zu strahlen begann - es fluoriszierte. Da jedes Molekül unter Einwirkung hoher Energie in einer bestimmten und ihm eigenen Weise fluorisziert, kann man die atomare Struktur des bestrahlten Materials anhand eines Fluoreszenz-Spektrums ermitteln. Die Flecken zeigten auffallend grosse Mengen des Elements Eisen. Eisen aber ist ein Hauptbestandteil des Blutes.

Die vorschnelle Annahme des amerikanischen Chemikers Dr.W.McCrone, dies könnte ein Hinweis auf eisenoxydhaltige Farbe sein, die aber erst seit dem 14. Jhrt. Verwendung fand, wurde rasch durch ein anderes Experiment widerlegt in dem man Partikel des Tuches mit Hydrazin- & Ameisen-Säure Dämpfen behandelte und anschliessend mit ultraviolettem Licht beleuchtete. Auf diese Weise leuchten Porphyrinmoleküle rot auf. Porphyrin tritt in einem Stadium der Hämbildung auf und gilt als sicherer Nachweis für das Vorhandensein von Blut, auch wenn das Häm selbst durch die Einwirkung von Hitze zerstört worden ist.

Nachdem die Experten der NASA ein für allemal nachweisen konnten, dass die fahlen Rosaflecken im Tuch tätsächlich menschliches Blut der Blutgruppe AB sind, war das Problem einer vermeintlichen Fälschung aus dem Mittelalter eigentlich bereits gelöst. Denn welcher Maler oder Künstler hätte schon einen nackten Mann, beidseitig und seitenverkehrt, gemalt und zur Markierung von Verletzungen echtes Blut benützt, und zwar lebendiges, menschliches Blut?

Die Frage konnte nur noch lauten: In welchem Jahrhundert lag ein gefolterter Mann der exakt die überlieferten Verletzungen von Christus aufwies, in diesem Tuch? Und zu diesem Zweck musste das wirkliche Alter des Tuches bestimmt werden können.

Die früheren wissenschaftlichen Untersuchungen im Zentrum des Tuches wiesen eindeutig auf die neutestamentliche Zeitepoche hin. Einmal ist das Tuch in einem seltenen Fischgrat-Muster gewoben, das typisch war für Syrien um die Zeitenwende. Diese Webeart war im mittelalterlichen Europa nie bekannt. Dann wurden jede Menge an Pflanzen-Pollen im Tuch nachgewiesen die von Pflanzen stammten die nur in Palästina und in der heutigen Türkei vorkommen und die genau dem geschichtlich bekannten Reiseweg des Tuches entsprechen.

Die sichere Datierung des Tuches mittels des C-14 Radio-Karbon Tests stand aber bis 1987 noch aus, weil man zu viel Stoff dazu hätte opfern müssen. Schliesslich wurde eine Methode entwickelt für diesen C-14 Test wobei man nur noch wenige Fäden benötigte. Aber: Die geprüften Fäden stammten aus mittelalterlichen Flicken am Tuch, womit das Ergebnis des Tests zur Farce verkam.

Dann stellte sich die nächste Frage: Wie nur kam der bildhafte Abdruck des ganzen Körpers und Gesichts überhaupt in das

Tuch hinein? Einige Sindonologen (Grabtuch-Forscher) waren der Meinung, das Abbild auf dem Tuch könnte durch eine Art übernatürlicher Strahlung entstanden sein, indem der Körper Jesù im Augenblick der Auferstehung eine ungeheuer starke Energie ausgestrahlt habe, wobei dann das Abbild des ganzen Körpers in das Gewebe 'eingebrannt' worden sei. Da die Körper-Konturen auf dem Tuch aber überhaupt nicht fluoreszieren, scheidet die Entstehung durch Wärmestrahlung aus. Ausserdem hätte jede Art von energiegeladener Strahlung zweifellos das dünne Gewebe vollständig durchdrungen; das Körperbild zeichnet sich aber nur auf der Oberfläche der Fasern ab.

Wie ist das Bild aber dann entstanden? - Als Antwort auf diese Frage wurde seit der Entdeckung des Negativ-Positiv-Phänomens durch den Fotografen Secondo Pia im Jahre 1898 eine stattliche Anzahl von phantastischen Hypothesen entwickelt, die mehr oder weniger in das Reich der Phantasie gehörten.

Dabei haben Versuche nun gezeigt, dass es auch ganz einfache, logische und natürliche Wege gibt, eine Abbildung zu produzieren, die jener auf dem Turiner Grabtuch entspricht.

Die Ergebnisse aus den Experimenten der amerikanischen Experten zeigen, dass die sepiafarbenen Dunkelwerte der Abbildung durch eine Veränderung in der chemischen Struktur der Zellulose des Leinens verursacht wurden. Im Laborversuch gelang es, die gleichen Farbabstufungen zu erzeugen, indem man die Zellulose von Leinen unter Einwirkung verschiedener Oxydationsmittel abbaute. Diese Oxydationsbilder werden im Laufe der Zeit durch den Alterungsprozess sogar noch deutlicher.

Schon 1924 hatte der französische Biologe Professor Paul Vignon mit seinen Experimenten zur sogenannten 'Vaporographismus-Theorie' hervorragende Erfolge erzielt. Vignon bewies, dass ein schwitzender Körper, auf den ein Linnen gelegt wird - das mit einer Mischung von leichtem Oel und Aloetinktur (aloe medicinalis) getränkt ist - durch die Zersetzung der chemischen Bestandteile des Schweisses in ammoniakhaltige Dämpfe einen Oxydations-Prozess in der Zellulose bewirkt welche die gleiche Verfärbung hervorbringt, wie sie auf dem Grabtuch zu sehen ist. Diese Färbung ist da am stärksten, wo das Tuch den Körper berührt und wird schwächer, je weiter Tuch und Körper auseinander liegen. Das erklärt auch, dass das Abbild einem photographischen Negativ entspricht. Vignon erklärte, dass der Abdruck auf dem Leinen hauptsächlich durch die Ammoniakdämpfe entstanden sei, die der Körper bei der Verdunstung von fiebrigem, harnsäurehaltigem Schwefel freisetzt. Damit habe dann die im Tuch aufgesogene Lösung von Aloe und Myrrhe reagiert, wodurch Ammonium-Karbonat gebildet worden sei, dessen Dämpfe in der feuchten Atmosphäre zwischen Haut und Leintuch die Fasern des Tuches in direkter Proportionalität zum Kontakt mit dem Körper dunkel verfärbt hätten.

Die deutlich dunklere Färbung der Blutflecken ergibt sich aus einer stärkeren chemischen Reaktion. Dass bei der Grablegung Jesù Aloe in grösseren Mengen Verwendung fand, beschreibt der Johannes-Text: '...Er ging nun hin und nahm seinen Leib ab. Aber auch Nikodemus, der das erste Mal bei Nacht zu ihm gekommen war, kam und brachteeine Mischung von Myrrhe und Aloe, ungefährt hundert Pfund (ca 33 kg!). Da nahmen sie den Leib Jesù und banden ihn samt den Gewürzen in leinene Binden, wie es bei den Juden Sitte ist, zu begraben (Joh. 19,38-40).'

Die an sich überzeugenden Experimente Professor Vignons stiessen im Jahre 1933 auf heftige Kritik, weil die zur chemischen Reaktion notwendigen Körpersalze sowie die Körperwärme, die den Verdampfungs-Prozess bewirkt, bei einem Leichnam nicht in ausreichender Konzentration auftreten können. Dass einfache Aloe-Myrrhe Mischungen in feuchtem Milieu aber durchaus unzerstörbare Körperabdrucke auf Stoff interlassen, war nun immerhin bewiesen. Die Versuche zeigten, dass sogar eine sehr kurze Einwirkungsdauer von nur 45 Sekunden auf diese Weise schon schwache Abdrucke hervorruft, die auf dem photographischen Negativ deutlich erkennbare Positiv-Bilder ergeben. Durch die vaporographische Entstehung der Abdrucke könnte man allen anderen Spekulationen ein Ende setzen. Nur - so argumentierte die Kirche - wurden jüdische Leichen vor dem Begräbnis gewaschen, so dass gar keine Blutflecken möglich waren, und vor allem: Leichen schwitzen nicht und geben keinerlei Wärmestrahlung ab. - Da nun aber die Abdrucke unwiderlegbar vorhanden sind folgt daraus, dass ein noch lebender, warmer, schwitzender Körper im Grabtuch in der Höhle lag wobei durch die Vergiftung (Schwammtrunk) und einsetzendes Wundfieber sogar mit recht hoher Temperatur und verstärkter Schweiss-Absonderung zu rechnen war. Fazit:

JESUS WURDE TATSAECHLICH LEBEND ZU GRABE GELEGT

Ueberblicken wir zum Schluss all jene Faktoren, die für die Echtheit des Turiner Grabtuchs (TG) sprechen:

1. Die Existenz einer lückenlosen Reise-Biographie des Grabtuchs Christi, beginnend am Ostersonntag der Auferstehung in Jerusalem mit dem Hinweis im apokryphen Hebräer-Evangelium: ...dann ging er (Jesus) zu seinem Bruder Jakobus, nachdem er sein Grabtuch dem 'Diener des Priesters' übergeben hatte. Stationen: Damaskus, Edessa bis 904 post, Konstantinopel bis 1204 post, Besançon, Lirey bei Troyes, Cornwall/England, Chambéry/Frankreich, Turin/Italien.

2. Das seltene Tuchgewebe: Es ist ein Leinengewebe, und zwar ein Köper in der sehr aussergewöhnlichen und teuren Bindung 3:1, d.h. unter den senkrechten Kettenfäden liegen jeweils drei waagrechte Schussfäden. Eine derart fortgeschrittene Webetechnik ist im Abendland vor dem 16. Jhrt nirgends nachgewiesen, und äusserst selten war sie immer.

3. Die Entdeckung von Pollenkörnern (Blütenstaub) im Tuch von 58 Pflanzenarten, von denen nur gerade 17 in Frankreich und Italien vorkommen wo das Tuch nachweislich seit dem 14. Jhrt aufbewahrt wurde. Alle anderen Arten stammen aus dem mittleren Orient, einige aus der Türkei, aber nicht weniger als 34 Arten sind für die Flora Zentral-Palästinas charakteristisch. Viele davon sind Halophyten die nur auf stark salzhaltigen Böden wachsen können. Wurde das Tuch vielleicht vom Kloster Qumran am Toten Meer (Wüste) angeliefert, oder gar hergestellt ?

4. Der N.A.S.A. - und wissenschaftliche Nachweis von menschlichem Blut im Tuch, ohne jede Spur von Farbe, Chemikalien, Oxydation, etc. Und der Befund, das aufgrund der nachweisbaren Serumhöfe lebend Blut ins Tuch ausgetreten sein muss. - Der Körper Jesù aber kam erst nach dem Hinschied und der Kreuzes-Abnahme mit dem Tuch in Kontakt

5. Das Fehlen jeglicher Verwesungsspur im Tuch und der sonst üblichen natürlichen Körperausscheidungen beim Eintritt des Todes nach rund 36 h engem Körper-Kontakt mit einem angeblichen Leichnam. Die Toten-starre die bei gestressten Körpern schon nach rund 20 Minuten einsetzen kann hätte nicht erlaubt, die ausgestreckten Arme ohne Auskugelung der Schultergelenke mit auf dem Abdomen gekreuzten Händen ins Tuch zu wickeln und den engen Grabeingang zu passieren.

6. Die Aetzung der Faserspitzen des Tuches durch die chemische Reaktion von Myrrhe, Aloe, durch die Poren austretende Harnsäure (Ammoniak-Bildung), verbunden mit Schweiss und Körperwärme. Konnte im Laboratorium leicht nachvollzogen werden. Farbe hätte das Tuch durchtränkt, nicht angesengt wie es eindeutig der Fall ist

7. Auf diese Weise entstand buchstäblich ein Fotonegativ, seitenverkehrt und hell und dunkel vertauscht, rund 1850 Jahre vor der Erfindung der Fotographie. Und weil es sich um ein Negativ-Bild handelt, konnte auch ein dreidimensionales Bild heraus geholt werden (siehe Christi Antlitz auf dem Umschlag) - was von einem gemalten Bildnis technisch unmöglich ist.

8. Das Tuch konnte so gefaltet werden, dass nur das Antlitz Christi auf einem Viereck erschien. Dieses nun kopierte man in der Malerei tausendfach, umgab das Gesicht mit einem Kreis-Rahmen nach Art römischer Medaillen und Portraits. So entstand die Kunst der Ikonen. Und aus dem lateinischen 'Vera Icona' (echte Ikone) ergab sich nun die Erzählung vom Schweisstuch der 'Ver-onica'.

9. Das Bildnis dieses Tuches war dem frühen Christentum durchaus bekannt. Ohne Zweifel ist der Fehlbeschluss der Vergöttlichung Christi im Konzil zu Nikäa, 325 post unter Kaiser Konstantin dem Grossen von der Existenz dieses unheimlichen Bildnisses (Mandillion) beeinflusst worden. Denn wer ist schon imstande, auf seinem Totentuch seinen Gesichts- und Körperabdruck für die Menschheit als Erinnerung seines Wandels auf Erden, vor der Auferstehung und Himmelfahrt, zu hinterlassen, wenn nicht Gott in Person?

10. Fazit: Im Turiner Grabtuch lag ein Gefolterter, kein Toter, der gekreuzigt worden war vor rund 1950 Jahren, ein 1,83 m grosser Mann um die 40 der alle in den Evangelien erwähnten Verletzungen aufwies, dazu einige mehr von denen bis heute niemand etwas ahnte.

11. Das Turiner Grabtuch zeigt eine ganze Reihe abgebildeter, einst blutender Verletzungen, die weder in der Schrift überliefert sind, noch von irgend einem Menschen zu irgend einem Zeitpunkt nach dem 1. bis ins 20. Jahrhundert gewusst werden konnte:

   a) Das gebrochene Nasenbein das die Atmung am Kreuz stark behindert haben muss und mitverantwortlich sein mag für den frühen Kollaps;

   b) Die vom Sturz auf das Pflaster in der Via Dolorosa aufgequollene rechte Wange, sowie weitere Gesichtsverletzungen durch erhaltene Schläge;

   c) Die schweren Schürfungen an der linken Schulterpartie welche vom Tragen und vom Sturz mit dem hinter dem Nacken an den ausgestreckten Armen festgebundenen Patibulum (Kreuzes-Querbalken) herrühren. Es ist vorgeschlagen worden, dass es sich bei diesen Verletzungen die gut erkennbar sind im Tuch um den Austritt der Speerspitze handle, die vom Lanzenstich zwischen die 5. und 6. Rippe (rechts-!) verursacht worden sei. Das ist glatter Unsinn. Ein einen halben Meter langes Speerteil hätte man aus dem spitzen Winkel vom Boden aus weder durch den Brustkorb rammen, geschweige denn wieder heraus ziehen können ohne grässliche Verunstaltung des Leichnams, was uns der Augenzeuge Johannes mit Sicherheit überliefert hätte. Statt dessen sagt er: ...und sofort nach dem Lanzenstich flossen aus der Wunde Blut und Wasser. Eine Wunde also, kein Durchstich;

d) Die nachzählbaren je 21 Geisselschläge auf Rücken und Beinen welche im Grabtuch erscheinen. Niemand hatte bislang die genaue Zahl übeliefert oder gekannt;

e) Der Verlauf der Blutbahnen im Tuch die uns zeigen, dass zuerst der linke, dann der rechte Arm bei der Kreuzesabnahme entnagelt worden war. Und dass die Kopfhautwunden erst nach der Abnahme der Dornenkrone und somit nach der Kreuzes-Abnahme zu bluten begannen... also post mortem, was bei einem Leichnam eigentlich nicht möglich ist;

f) Das absolute Fehlen jeder Verwesungsspur, oder Hinweise auf beim Tod eintretende natürliche Körperentleerungen im Tuch nach einer Lagerung von immerhin rund 36 h;

g) Die Entdeckung der beiden Pilatusmünzen als äusserst schwach erkennbare fotographische Abdrucke, erst mit der modernen Technologie möglich geworden, welche Christus bei der Grablegung auf die Augenlider gelegt worden waren von Personen die offenkundig im Glauben gelassen wurden, dass Jesus gestorben war - während es andere besser wussten....
Sogar das genaue Prägungsjahr dieser Münzen ist heute bekannt: 29 post unter Pontius Pilatus knapp drei Jahre vor Golgatha.

Man sieht: Das Beweismaterial für die Echtheit des Turiner Linnens ist überwältigend und kaum in einem Punkt widerlegbar.

Dazu noch die stichhaltigsten Argumente weshalb das Turiner Grabtuch *k e i n e* mittelalterliche Fälschung sein kann, wie das seit 1991 auch der Vatikan richtig erkannt und bestätigt hat:

I. Der Templer-Orden wurde auf dem geheimen Wissen um das Tuch gegründet und deshalb bis zur Vernichtung durch die Kirche und den französischen Staat verfolgt mit dem Vorwurf, ein 'Gesicht' anzubeten - eben jenes des Mandillions. Aber schon 1204 post entdeckt Robert de Clary, französischer Kreuzritter, in den kaiserlichen Palästen, in der Kapelle Santa Maria von Blacherne, in Konstantinopel, der Hauptstadt des Oströmischen Reichs, das geheimnisvolle und sorgfältig gehütete Grabtuch, anlässlich der Stadtplünderung durch die (christlichen!) Venezianer, und entführte es nach Frankreich. Das war immer noch mehr als 150 Jahre vor einer angeblich entstandenen Fälschung.

II. Nur ein geisteskranker Künstler hätte daran denken können, eine graue, fotonegativartige, nackte, verunstaltete, männliche Figur zu malen, mit Blutflecken und Blut-Gerinnseln überall, vor allem eben auch an Stellen, die in den Evangelien nirgends überliefert sind

    Was aber wäre von einem imaginären Künstler im 14. Jhrt. verlangt worden? Eine perfekte Kenntnis der menschlichen Anatomie was vor Leonardo da Vinci kaum möglich war. Der Mann im Tuch ist erst aus einem Abstand von 1-2 m erkennbar. Ein Künstler kann aber nicht malen, wenn er die Wirkung seiner Pinselstriche nicht sieht. Da einzelne Fasern von 10-15 Mikron Durchmesser zu bemalen (tränken) waren, hätte man einen 1-2 m langen Pinsel gebraucht, mit nur 1 Zobelhaar als Borste. Was, verglichen mit der Leinenfiber, immer noch zu dick gewesen wäre, denn die Farbe hat ja das Tuch durchtränkt, wie es eben sickerndes Blut tut.

Der Künstler hätte ferner ein Bindemittel haben müssen, das weder Oel noch Wasser enthielt, da keinerlei Kapillarität festzustellen ist. Er hätte mit Blut, mit lebendem menschlichem Blut, malen müssen und hätte dazu ein Mikroskop von enormer Brennweite gebraucht um zu sehen, was er malte. - Dies bezieht sich auf die Blut-Flecken und -Spuren. Umgekehrt verhält es sich um die Konturen des Körpers und die Flächenabdrucke. Hier erweisen sich die Fasern überall als nur an der Oberfläche angesengt, durch die beschriebene chemische Reaktion. Analog wie mit den Blutflecken hätte ein Künstler die Tuch-Oberfläche aus grosser Distanz nur gerade hauchartig mit einem ebenso feinen Pinsel berühren dürfen, um ein Eindringen von Farbe in die Fasern und das eigentliche Gewebe zu vermeiden.

III. Hinzu käme nun noch die Begrenztheit des menschlichen Nervensystems. Niemand kann einen Pinsel, oder ein anderes Instrument, so ruhig halten wie es nötig wäre, um die Oberfläche einer Fibrille mit Farbe zu betupfen. Ausserdem hätte der Künstler wissen müssen, wie viele Fasern jeweils zu betupfen waren. Und er hätte das Ganze wie ein Negativ anlegen müssen, sonst könnten wir ja heute keine Positiv-Fotographie des Tuches aufweisen. Um die Geisselspuren zu markieren, wäre Serum-Albumin erforderlich gewesen. Dieses ist aber nur in ultraviolettem Licht zu erkennen. Ginge man davon aus, dass das Bild durch Oxydation entstanden war, hätte man mit Schwefelsäure malen müssen; diese wiederum hätte die Pinsel-Borste zerstört und das Tuch angefressen.

Man sieht: Wir kommen an dem Eingeständnis der ECHTHEIT des Turiner Grabtuchs nicht vorbei. Das aber bedeutet, dass Christus das Kreuz überlebt hat. Und wenn dem so ist - muss die Geschichte, und Christi Leben, eine Fortsetzung haben. Wir deuten diese in den nächsten Kapiteln an - und erklären sie vollends in unserem Hauptwerk in zwei Teilen mit dem Titel:

Das CHRISTUS-RAETSEL.

Damit ist eine grössere Ueberraschung für die christliche, auf die Vier Evangelien und die Apostelgeschichte des Lukas und die Paulus-Briefe limitierte Lehre zwar unumgänglich, doch wird sie klärende Wirkung haben und das Christentum - endlich - von jenem Albdruck und jenen Zweifeln befreien, die der seltsame Ostersonntagmorgen in so grosser zeitlicher Ferne verursacht hat und welche das Christentum zwei Jahrtausende lang daran gehindert haben, aus seinen Kinderschuhen heraus zu treten und erwachsen zu werden.

15. Paulus' geniale Umdeutung des Kreuzmotivs

Die scheinbare Fehlinterpretation der Geschehnisse am Kreuz durch Paulus war aber gleichzeitig eine geistes-geschichtliche Meisterleistung. Paulus hat schliesslich das Feuer ganz entfacht welches Christus gekommen war, anzuzünden in dieser Welt. Paulus muss nach der Begegnung zu Damaskus gewusst haben, dass Jesus von Nazareth nicht ans Kreuz gegangen war um den Sühnetod für die Welt zu sterben. Das sind stark hellenistisch durchtränkte Ideen, die dem Judentum nicht nahe standen. Aber er konnte ja nicht mit Erfolg verbreiten, Jesus hätte im Drama von Golgatha versucht, Gott zum Eingreifen zu zwingen, was nur zur Hälfte gelungen sei. Ferner stand zu damaliger Zeit keineswegs fest, ob Jesus wirklich gestorben und später wieder auferweckt worden war, da die Kriterien über die Grenze zwischen Leben und Tod ganz andere, viel ungenauere als heute waren. Damals galt der Stillstand der Atmung als Tod. Dies traf im Falle Jesu offenkundig zu.

Die heutige Medizin weiss, dass Ueberleben sowohl bei Aussetzung der Atmung als auch, unter besonderen Bedingungen, bei Aussetzen des Herzschlags möglich ist. Später, im Mittelalter, wurde der Herzstillstand als Zustand des Todes angenommen, und heute ist das grundsätzliche Kriterium für den Tod erst das totale Erliegen jeglicher Hirnströme. Ueber diese wichtigen Entwicklungsmerkmale dürfen wir nicht stolpern. Paulus, und mit ihm Jesus selbst, durften annehmen, dass der Tod eingetreten war und eine Auferstehung stattgefunden hatte. Nur hatte diese den Makel an sich, dass Jesus mit geschundenem Leib und Schmerzen ins Leben zurück kehren musste, nicht verklärt und ohne jegliche göttliche Beweiskraft einer direkten Intervention wunderbarer Art des Vaters selbst. Dazu kam, dass er offenkundig während seines Todesschlafs weder geträumt, noch das Reich oder das Paradies gesehen, noch Engelsposaunen gehört, noch die Stimme Gottes oder dessen Erklärung der Geschehnisse vernommen hatte.

All dies ist sehr bedeutungsvoll und muss zwischen den Zeilen der Evangelien heraus gelesen werden - was bisher kaum je gewagt worden ist. Gleichzeitig darf man sich das Dilemma bildlich vorstellen in welchem sich Jesus selbst befand: Er hatte von Gott ein klares Ja, oder Nein, zu seiner Selbst-Interpretation verlangt, versucht, das Leben eines gottgefälligen Heiligen zu leben, das Elend zu bekämpfen, die Güte zu predigen, den Namen des Vaters mit Ruhm zu bedecken, und das Kommen des Reiches vorzubereiten. Gleichzeitig, für alle Fälle, die Voraussagen der Propheten genauestens zu erfüllen um es Gott möglich zu machen, ihn in der einen oder anderen Rolle zu bestätigen, wie es ihm gefallen würde.

16. Der Vater verleugnet sich am Kreuz - leitet aber dennoch die Errettung ein

Und nun nimmt Gott das freiwillige Opfer des Sohnes nicht an, er stösst ihn zurück ins Leben, ohne die ersehnte Bestätigung. Wieder steht Jesus allein und muss aus den Ereignissen heraus lesen, was nun der Wille Gottes mit ihm sei. Und Paulus realisiert, dass die Propheten tatsächlich erfüllt worden sind, dass der leidende Gottesknecht von Gott wirklich auf wunderbare Art errettet worden ist, und dass er vor dem prophezeiten Messias stand. Dies entschied die Grundlagen des westlichen Christentums von der Auferstehungs-Lehre des Messias oder Christus. Doch die Erlösungs-Theologie geht kaum auf Jesus von Nazareth zurück, sondern darf als genialer Einfall des Paulus und seines Kreises gelten, als Folge des spontanen Ausrufs des jungen Johannes am Leeren Grab am Ostersonntag-Morgen: '...der Herr ist auferstanden!' Paulus hat es verstanden, die lähmende Resignation und drohende Niederlage in einen strahlenden Sieg zu verwandeln dank der Umdeutung des Motivs für den Kreuzesgang in hellenistischem Sinne. In einem Sinne also, der in der griechischen Geisteswelt des damaligen Vorderen Orients auch eine echte Chance hatte, verstanden zu werden. Ohne diese einmalige Idee des Sühnegangs am Kreuz wäre es schwerlich gelungen, die neue Ethik und die neue Moral der Nächstenliebe und der Gewaltlosigkeit mit so viel Erfolg im römischen Weltreich zu verbreiten.

Die Neue Lehre hatte die ihr gebührende, unvergleichliche und exotische Verpackung erhalten. Und auf die Verpackung kam es an: in Antiochia, in Lydien, in Gallatien, in Korinth, zu Ephesus, und später in Rom. Die ganze frühchristliche Kirchengeschichte ist durchtränkt von diesem verfälschten Leitmotiv des Sohnes Gottes der für unsere Sünden den Sühnetod erlitten habe und anschliessend erweckt und zum Vater aufgefahren sei. Wenn das Schiff einmal aus dem Hafen heraus gezogen ist und die hohe See erreicht und sich als seetüchtig erwiesen hat, benötigt man die Schleppkähne nicht mehr. Genau so ist es allerhöchste Zeit, jenen Glaubensballast abzuwerfen welcher die christliche Lehre an ihrer Emanzipation derart wirksam gehindert hat. Christus wollte sich keineswegs für die Menschheit opfern, sondern er wollte die Wahrheit finden am Kreuz, für sich und die Menschheit, und Gewissheit erlangen, wer er sei. Er wollte vor allen Dingen seine Bestätigung als Kämpfer gegen die Ungerechtigkeit, gegen die Finsternis, gegen die Armut und die Verzweiflung, von Gott selber. Aber damit musste er scheitern - weil Gott unmöglich gegen sich selbst und die von ihm geschaffene Weltordnung, für eine seiner Kreaturen Stellung beziehen konnte!

Denn nicht nur die Himmel, sondern auch die Höllen sind von Gott. Tag und Nacht bedingen einander, sowie das Böse das Gute bedingt, wobei es beides in der Natur nicht gibt. Indem das Böse als Gutes verkleidet wird, können wir dieses nicht mehr unterscheiden und fallen ihm laufend zum Opfer. Christus konnte die göttlichen Gesetze vom Dualismus der Kräfte in dieser Welt zwar nicht verändern, aber er konnte mit seiner grossartigen Tat und mit Hilfe paulinischer Taktik die Bedeutung der Sphären für den Bereich des menschlichen Lebens stark ins Positive verschieben und den Grundstein legen zu einer sozialeren, weniger hungernden, weniger geknechteten, etwas hilfreicheren und auch etwas festlicheren und weniger von Aengsten gequälten Welt. Die Gewalt aber - ist geblieben.

17. Pfingsten - Krönungsfeier ohne König

Es ist offenkundig, dass es Jesus von Nazareth ist, ins Alte Leben zurückgekehrt, welcher den Jüngern in den Christophanien auf dem Weg nach Emmaus und am See in Galiläa erscheint. Aus denselben Gründen der vollständigen Vermummung können sie den Rabbi im Dunkel der Kerzen und Fackeln in der Nacht kaum erkennen und haben Zweifel, ob er es auch wirklich sei. Aber er ist es leibhaftig! Und er beginnt schon, während seiner Genesung, weitere Pläne zu schmieden. Er bereitet seinen Weggang vor. Er erteilt den Jüngern erneut den Taufbefehl. Gibt sein Einverständnis zur Missionierung unter den Völkern der Heiden (im hellenistischen Raum und im Römischen Reich). Legt den Grundstein zur Gründung seiner, der juden-christlichen Kirche. Wirft das Los über die Aussendung in die verschiedenen Länder unter den zwölf Aposteln, wobei Thomas das Los Indien trifft, gegen das dieser sich lange sträubt, dann schliesslich doch gehorcht. Setzt Petrus über die Jerusalemer Gemeinde ein. Hilft, das Pfingstfest vom jüdischen Erntedankfest Scha'wuot zum Fest der Niederkunft des Geistes umzudeuten. Und damit den eigentlichen Gründungs-Akt der Ekklesia, der christlichen Kirche durch die Verlesung der Neuen Lehre durch Petrus im Namen Jesù des Auferstandenen in allen in Jerusalem anzutreffenden Sprachen, zu schaffen. Daher: ..und sie redeten plötzlich in vielen Zungen. Er selber ist bei dieser symbolischen Krönungsfeier nicht dabei. Ebenso fehlt Maria Magdalena. Aber seine Brüder und seine Mutter Maria sind anwesend, in seiner Vertretung, obwohl sie ihm bis zu den Ereignissen von Golgatha skeptisch gegenüber standen, vor allem die Brüder. Jesus muss nun, um seine Saat wachsen zu lassen, fliehen und den römischen Hoheitsbereich verlassen.

18. Tot für die Welt

Er tut dies ungern, denn zutiefst mit seiner Heimat Galiläa verbunden liebt er sein Land. Er ist, ausser in Aegypten, nie im Ausland gewesen. Jetzt geht er nach Damaskus wo es auch eine jüdisch-essenische Kolonie gibt ünd hält sich dort ca 1 1/2 Jahre verborgen; die Apokryphen sprechen von 555 Tagen.Er hat seinen Jüngern beim Abschied gesagt:Wohin ich gehe, dahin könnt ihr mir nicht folgen! Sie wissen zwar, dass er noch am Leben ist, aber sie verlieren ihn allmählich aus den Augen. Er hat versprochen, wieder zu kommen. Das hat er auch beabsichtigt sobald sich die politische Lage ändern oder entspannen würde. Aber es kommt anders. Die Zeichen stehen in Jerusalem auf Sturm.

Vier Jahre nach der Kreuzigung werden im selben Frühjahr, 36 post, sowohl Pontius Pilatus als auch der Synhedriums-Präsident, Joseph Kaiphas, ihres Amtes enthoben.

19. Ruhen die Gebeine des Pilatus in der Schweiz?

Pilatus wird in Rom in der Gefangenschaft sterben, obwohl er nach einer anderen Version nach Gallien, nach Vienne (südlich des heutigen Lyon) in die Verbannung geschickt und dort zu Tode gekommen sei. Jahrhunderte später wurden seine Gebeine von den Christen (in Rom?) ausgegraben und in einen dunklen Bergsee auf dem Mons Pilatus bei Luzern in der Inneren Schweiz geworfen, in der damals äussersten nördlichen und fast unbewohnten Provinz des römischen Weltreichs, der sogenannten Waldstätten. Die Besteigung dieses Fluchbergs von rund 2500 m war bei Todesstrafe durch die katholische Kirche bis in die Mitte des 19. Jahrhunderts verboten gewesen.

Zu Jerusalem stirbt anno 44 post König Herodes Agrippa I; Petrus übergibt die Führung der juden-christlichen Gemeinden dem Jakobus Justus, dem leiblichen ältesten Halbbruder Jesù, Sohn der Maria und des Joseph (oder dessen Bruder Klophas). Er selber macht sich auf den Weg nach Rom. Im Jahre 66 post stürzt man den inzwischen Hohepriester (!) im Tempel gewordenen Jakobus Justus von der Tempelzinne ins Kidrontal, wo er noch erschlagen wird. Dass der älteste Bruder Jesù so zu sagen das Priesterkönigtum, obwohl spät und in abgeschwächter Form - die Römer sind weiterhin die Herren des Landes - übernimmt, unterstreicht noch die These der Thronanwärterschaft des Johannes des Täufers und, nach dessen gewaltsamem Tod, von Jesus. Der Königstitel war tatsächlich im Spiel. Die Dornenkrone wurde nicht einfach aus Freude an reiner Phantasie gewunden. -

Jesus von Nazareth darf sich, körperlich angeschlagen, dem Volk in Judäa nicht mehr zeigen. Seine Verletzungen, Symbol der - scheinbaren - Niederlage, hätten ihn jetzt schlecht ausgewiesen nach seiner eindeutigen Aussage, angesichts des Kreuzes, der Menschensohn des Höchsten zu sein. Und nach dem grossen Abschiedsmahl und ohne auch nur das geringste Versprechen an seine Jünger und Familie von einer Wiederkehr und Auferstehung, ist seine Umgebung in hohem Masse überrascht, ja erschreckt - und nur zögernd erfreut. Jesus, der alles voraus gesehen hatte was seine geplante Hinrichtung anbelangt, hatte sein Ueberleben nicht vorher gesagt, trotz der Pläne, aus Angst, diese könnten aus Unachtsamkeit vorher verraten werden. Daher fällt es seinen Jüngern jetzt schwer, zu glauben. Doch dann kann er sie vom Willen Gottes überzeugen und ihnen vor Augen führen, dass er den Schriftbeweis und die grossen Wahrsagungen des Alten Testaments buchstäblich erfüllt hatte. Nicht nur sie. Auch seine Brüder, die vor dem Kreuze abseits standen. Sie glauben jetzt an die Messias-Prophezeiungen des Jesaia, wonach der göttliche Schmerzensmann überleben muss.

20. Die schicksalshaften Tage von Damaskus

In Damaskus bereitet Christus seinen Weggang vor. Er selbst kann im römischen Hoheitsbereich nicht mehr wirksam sein, sonst würde er erhascht und ein zweites Mal hingerichtet. Er benötigt einen fähigen Herold des Neuen Bundes. Da bietet sich Saulus an, der anlässlich der Steinigung des ersten christlichen Märtyrers, des Stephanus in Jerusalem, von dessen starken Gefasstheit angesichts des Todes ergriffen wird und sich innerlich Christus ebenfalls zuzuwenden beginnt. Er, Saulus, will diesen eigenartigen Mann kennen lernen. Er lässt sich vom Hohen Rat in Jerusalem ein Sendeschreiben geben um Jesus in Damaskus aufzustöbern und reitet mit einer kleinen Schar Getreuer dorthin. Weshalb, wenn er nicht gewusst hätte, wen es dort zu finden gäbe? - Es wäre viel einfacher gewesen, in Jerusalem der versteckten und eingeschüchterten Jüngerschar zuerst auf den Pelz zu rücken.
Saulus hatte als junger Rechtsstudent und bereits Mitglied des Synhedriums, einer Art jüdischer Nationalversammlunmit 72 Räten, in jenen Wochen eine persönliche Abfuhr erlitten: er

hatte um die Hand der Tochter des Hohenpriesters angehalten, wurde aber von dieser abgewiesen. Also mag ihm die Mission nach Damaskus eingefallen sein, um Jerusalem für einige Zeit den Rücken zu kehren. Aber das Zusammentreffen war arrangiert; Jesus weiss um die Ankunft des Saulus - denn er hat diesen mit grosser Wahrscheinlichkeit selber gerufen. Und wieder scheint die Genialität der dramaturgischen Ader Jesû von Nazareth durch: Er lässt sich nicht einfach suchen, oder aufsuchen. Er geht seinem Widersacher entgegen und überrascht ihn vor Damaskus am Strassenrand. Paulus wird dieses Treffen im Laufe seines späteren Lebens wenigstens viermal verschieden erzählen. Es ist möglich, dass ihm ein Trunk verabreicht wurde, vielleicht sogar von jemandem aus seiner Gefolgschaft, der eingeweiht gewesen war. Saulus fällt jedenfalls zu Boden und bleibt, nachdem er die Gestalt Jesù in weissem Gewande erblickt und gesprochen hat, für Tage mit Blindheit geschlagen.

Jesus lässt ihn zu einem Vertrauten in Damaskus, einem gewissen Ananias, führen der ihm das Augenlicht wieder geben wird. War erneut der Saft der Schwalbenwurz, der betäubende Soma-Trunk, oder jener des Sodom-Apfels, benutzt worden, ähnlich wie am Kreuz? Oder eine andere Droge? Sollte Saulus in Damaskus nicht wissen, wo Christus wohnte und vorüber gehend die Orientierung verlieren? Oder ist die ganze Erzählung symbolisch gemeint: Dass Saulus bis jetzt mit Blindheit geschlagen gewesen sei während er die Anhänger des Nazareners verfolgte und jetzt durch diesen auf den Weg des Lebens geführt würde? Wie immer das gewesen war: In Damaskus trifft Saulus auf den leibhaftig Auferstandenen - und bekehrt sich zu ihm. Er nimmt den neuen Namen Paulus an, wozu ihn seine römische Staatsbürgerschaft ermächtigt. Er ist das geeignete Gefäss und das geeignete Instrument für die Verbreitung der Neuen Lehre im Westen. Hier in Damaskus bringt Christus durch seine Bekehrungskraft in Pauli erstmals die Fundamente des römischen Imperiums ins Wanken, dessen innere Aushöhlung durch das Prinzip der Gewaltlosigkeit am schliesslichen Untergang Westroms mitbeteiligt sein wird.

21. Christus & Paulus teilen das Unsichtbare Reich

Die Welt wird aufgeteilt. Paulus, glänzender Redner, unendlich besser gebildet als die ursprünglichen zwölf Jünger, Eiferer, zäh im Nehmen und Geben, Jude und Römer zugleich, sollte das gelingen, was Christus ohne ihn nie gelungen wäre: die grossen Wahrheiten christlicher Ethik und den Kern der Bergpredigt durch die Jahrtausende bis hinüber zu uns zu retten. Dafür müssen wir Paulus für immer dankbar sein. Auch wenn er uns einige wichtige Einzelheiten über den Auferstandenen verschwiegen hat. Auch wenn er Christi Einstellung, die gegenüber den Freuden des Lebens positiv war, mit der Fessel eines exzessiven Puritanismus behaftete und damit erheblichen Schaden anrichtete mit seiner relativen Geringachtung der Frau und der ehelichen Verbindung.

Und obwohl er für uns Nachfahren den Glauben *v o n* Jesus durch den Glauben *a n* Jesus ersetzte. Dieser aber hatte realisiert, dass er in Damaskus nun entdeckt war und diese Stadt nicht mehr sicher war für ihn. Er musste weiter fliehen. Nur der Osten war nicht von Rom beherrscht. Nur im Osten konnten die Verlorenen Zehn Stämme Alt-Israels gefunden werden.

So ist es denn im Osten, wo wir das Zweite Leben Jesù Christi suchen müssen. -

- Das unbekannte, zweite Leben Christi -

22. Der Auferstandene auf dem Weg nach Osten

Jesus folgte schliesslich einer Einladung des Königs Ukama IV dem Schwarzen von Edessa (Urfa, in der heutigen Südost-Türkei, in kurdischem Gebiet), zu ihm zu kommen um ihn zu heilen. Der Nazarener liess antworten, dass er vorerst sein Werk vollenden müsse, ihm aber einen Apostel, Thaddäus, senden würde um ihn zu heilen. Dieser reiste hin und vollbrachte das Wunder. Später erschien auch Christi Apostel Thomas am Hofe von Edessa. Der Auferstandene aber konnte die Stadt nie betreten, da die Emissäre des Paulus dort bereits verbreitet hatten, dass Christus gestorben, auferstanden und aufgefahren sei - und nun erschiene er zur Ueberraschung des Volkes persönlich, in Fleisch und Blut? Das war schlechthin unmöglich. Thomas scheint das Königreich Edessa, in der Antike zeitweise zu Armenien gehörend, vollends christianisiert zu haben, ehe er seine Missionsreise nach Indien antrat. Jahrhunderte nach seinem Tod in Süd-Indien wurden seine Gebeine nach Edessa überführt und dort endgültig bestattet.

Die grosse Reise nach Osten beginnt vermutlich im Herbst 33 post. Christus begibt sich zuerst nach Nisibin, einer Nachbarstadt Edessas die aber, im Gegensatz zu jener, nicht die Römer, sondern die Parther als Oberherren anerkennen musste. Dort hören wir von einem Aufruhr den Jesus verursachte und welcher ihn zur Flucht aus der Stadt zwang. Wir begegnen ihm wieder im Königreich von Adiabene am oberen Euphrat (ebenfalls in heutigem Kurdengebiet im nördlichen Irak, damals einer Satrapie Persiens. Deren Herrscher-Familie scheint zum Judentum proselytiert und mit Jesù Grosseltern über die Königin Helena von Adiabene entfernt verwandt gewesen zu sein. Dort findet Christus Unterschlupf bis ins Jahr 44 post, als er nach der Ermordung des Herrschers Itzates, Sohn der Helena, erneut fliehen musste, diesmal Richtung Persien. Jesus nannte sich fortan Yus, der persischen Form seines Namens, und schliesslich nannte man ihn Yus Asaph was man etwa mit 'der Sammler' übersetzen könnte, Sammler von Leprösen und Kranken die weiter zur Heilung zu ihm kamen, wie die einen meinten. Oder aber Sammler der Zehn Verlorenen Stämme Israels im Osten, was mehr Sinn machen würde. Oder aber einfach Yus 'mit dem Stock', mit einer über 2 m langen Pike aus Olivenholz die er wegen leichten Hinkens aus der Knieverletzung vom Kreuz ständig bei sich hatte. Dies wäre die Bedeutung des Ausdrucks 'Asaph' im Alt-Persischen.

Die Araber werden Yus mit Isa, Issa oder Issana bezeichneng. So wird Jesus auch im Koran genannt. Das Aufsuchen der verlorenen Teile Alt-Israels nach deren Deportationen nach Assyrien und Babylon im 7. und 5. Jhrt. ante ist der noch nicht vollbrachte Teil seines Auftrags von dem auch im Neuen Testament die Rede ist. Jesus wandert bis nach Mashid im Osten des Iran, zum Grab des Noah-Sohnes Sem (dessen Nachfahren wir heute als Semiten bezeichnen, sowohl Araber als auch Hebräer). Er durchquerte in 4 langen Jahren den Iran und Afghanistan, zusammen mit Maria, seiner Mutter die nie in Ephesus war, trotz der Visionen der deutschen Ordens-Schwester, Katharina Emmerich (1774-1824). Johannes, dem Jesus vom Kreuz herab seine Mutter anvertraut hatte, ging erst zur Zeit des römisch-jüdischen Krieges nach Ephesus. Das war 66 post. Zu diesem Zeitpunkt wäre Maria, die das Kind Jesus im Alter von 16 Jahren geboren hatte, und das im Jahre 6 ante, bereits 88 Jahre alt gewesen. Auch Maria Magdalena, welche im Philippus-Evangelium als die Gefährtin Christi bezeichnet wird, geht mit ihm. Thomas, der sich vorerst geweigert hatte nach Indien zu ziehen, wird gemäss einer sehr merkwürdigen Geschichte in den Thomas-Akten durch Jesus auf einem Markt an einen Händler eines Königs aus Indien verkauft und wird per Schiff nach Sindh gebracht (Indus-Land, heute Pakistan), an den Hof des Königs Gondaphares oder Gundaforr. In der hellenistischen Stadt Taxila, im heutigen Norden Pakistans, unweit von Islamabad, treffen die vier Personen wieder zusammen. Möglicherweise war auch der Apostel Bartholomäus dabei. Thomas und Jesus nehmen an einer königlichen Hochzeit teil, um das Jahr 48 post.

23. Christus, Maria, Maria Magdalena und Thomas in Indien

Dann erfolgt der Einbruch der Skythen in Nordwest-Indien welches sie überrennen. Maria, die Mutter, und Magdalena fliehen zusammen mit Jesus nordwärts in die Berge, Richtung der uralten Landschaft Kaschmir, dem wirklichen Gelobten Land, das sogar einen hebräischen Namen trägt. Auf dem Wege aber stirbt Mutter Maria, nur etwa 40 km vom heutigen Rawalpindi/Islamabad entfernt und wird am Pindi Point in einem Dörfchen über der Ebene, das bis heute den Namen Muree (Mary!) trägt, begraben. Ihr Grab wird heute noch verehrt. Thomas hingegen ist nach Süden gezogen, wo er rund 20 Jahre lang an der Malabar-Küste (Pfeffer-Küste) in Süd-Indien bei den 'Schwarzen Juden' missionierte. Später ist er hinüber gezogen an die Coromandel-Küste und hat in Mylapore, südlich des heutigen Madras, durch einen verirrten Pfeil, oder durch einen absichtlichen Lanzenstich eines Brahmanen den den Tod gefunden, etwa um 68 post. Das sind bereits historische Ueberlieferungen. Der Leichnam Thomas' wurde im 4. Jhrt. - wie schon berichtet - nach Edessa im damaligen Armenien überführt und dort neu bestattet, während sein Herz in einer Kirche in Umbrien, Italien, die letzte Ruhestätte fand. Das Evangelium nach Thomas, die Thomas-Akten und die zahlreichen Apokryphen-Schriften und Evangelien sprechen eine beredte Sprache. Viele indische Namen, vor allem aus den königlichen Familien, sind bekannt von Personen welche bekehrt worden waren. Auch dort hat es offenkundig dieselben Schwierigkeiten gegeben wie überall: Kollisionskurs mit der jeweiligen Staatsgewalt, Aufforderung zum Verzicht auf den ehelichen Verkehr seitens hochgestellter Frauen, Verfolgung der Gläubigen, Kerker, Verhöre, Bewunderung, Folter und Märtyrium. Wie in Klein-Asien. Wie in Rom. In Indien ist denn ein Durchbruch der christlichen Lehre nie erfolgt da diese gegen eine alte, mächtige, etablierte Religion anzutreten hatte. - Gegen die grossen Götter Indiens stand ein am Kreuz gehenkter Gott weitgehend auf verlorenem Posten. Erst heute, bald zweitausend Jahre darnach, beginnt christliches Gedankengut das hinduistische Indien in stärkerem Masse zu durchdringen. Es sei denn, es könne eines Tages nachgewiesen werden, dass die grosse Krischna-Legende Indiens und der Kult der Bhakti, deren Hauptgott Vishnu ist, alt-christliche Wurzeln hätten, die ins Gebiet von Nordwest-Indien reichen - wo Krischna tatsächlich geboren war. Schon immer hat die Aehnlichkeit der Namen Krishna und Christus die beide alt-griechischen Ursprungs sind, verblüfft, umso mehr, als deren Bedeutung grundsätzlich dieselbe ist.

24. Das Gebot der Korrektur -
und der Auftrag an die Kirche

So muss denn eine Korrektur vorgenommen werden in unseren Tagen, welche seit Jahrhunderten überfällig war. Der gewaltige, erratische Block der römisch-katholischen Kirche hat eine solche verhindert. Aber es ist gleichzeitig auch diese Kirche gewesen welche den Gehalt der christlichen Kernlehre, obwohl verändert, zu uns herüber gerettet und dabei als einzige der auseinander strebenden Richtungen des Christentums die Einheit bewahrt hat. Dies ist eine direkte Folge jener stürmischen Tage der Bischofs-Konferenz von Nikäa im Jahre

325 post (heute Isnik, bei Istanbul), auf der durch ein Macht-
wort des Kaisers Konstantin des Grossen in die Menge der
heftig streitenden Bischöfe hinein die sich nicht einigen konnten, entschieden wurde, ein für allemal, dass Jesus von Nazareth eine Epiphanie Gottes auf Erden gewesen sei - homo usi-
os, also wesensgleich mit dem Vater - der Sohn Gottes mit
göttlichen Vollmachten, so wie dieser es selber von sich sagte. Christus wäre nicht nur ein Mensch aus Fleisch und Blut
mit göttlichen Inspirationen gewesen wie dies von Bischof
Nestor und der syrischen Kirche geglaubt wurde, ebenso von
den Gothenkönigen, deren Völker den Arianischen Glauben
vertraten, weil diese vom Ueberleben Christi und der vermeintlichen Auferstehung immer gewusst hatten.

Später musste eine Auswahl unter den rund 70 in den christlichen Gemeinden zirkulierenden Evangelien-Schriften gemacht
werden, um die Vergöttlichung Jesù praktisch durch zusetzen.
Alle Schriften, deren man habhaft werden konnte und welche
gegenteilige Berichte oder Andeutungen enthielten, wurden
durch die allmächtige Kirche aus dem Verkehr gezogen, vernichtet oder verbrannt. Schliesslich wurden die Vier uns heute
bekannten kanonischen Evangelien ausgewählt, weil diese
dem Wunsch der Kirche grundsätzlich am besten entsprachen
und ferner nachweislich auf eine Person zurück gingen die
Jesus noch gekannt hatte, oder doch noch einen oder mehrere Apostel. Nur geringe Retuschen waren erforderlich, etwa
die Streichung und Ersetzung des Schlusses des Markus-
Evangeliums, wo irgend etwas gestanden haben muss, das
dem Glauben an die Auferstehung abträglich war bei der Erzählung der Vorgänge am Leeren Grab.

Die Geschichte der jungen Kirche, ihre Entwicklung und auch
die Entstehung der Evangelien und ihre journalistischen Ten-
denzen bleiben besonderen Kapiteln vorbehalten. Aber auch
die zahlreiche, apokryphe Literatur die heute zum Teil wieder
aufgefunden und restauriert worden ist (Prof. Hennecke-
Schneemelcher) bietet ungemein interessantes Wissensgut
über Jesus und die wichtigsten Gestalten in seinem Kreis. Es
steht darin sehr vieles, das unsere Glaubensform schlicht
unmöglich gemacht hätte. Eine Umkehr ist deshalb dringlich
geboten, wenn wir dazu beitragen wollen, das Christentum
wieder glaubhaft zu machen und es Millionen, die noch gebo-

ren werden zu ermöglichen, im Einklang mit Wissenschaft, Forschung und Technik mit Stolz Christen zu bleiben. Nur eine Revision des Beschlusses von Nikäa ist nötig, und eine Verlagerung des Schwergewichts vom Ostersonntagmorgen auf den Inhalt der Bergpredigt, auf die Moral ohne Gehorsam, die Ethik und die Logien-Sammlung (Herrenworte) Christi.

An der Grossartigkeit des 'Pater Noster' braucht sich nichts zu ändern.

25. War nicht Palästina - sondern Kaschmir das 'Gelobte Land?'

Es gibt eine ganze Reihe von alten historischen Schriften aus der persischen Literatur welche die Wanderung des jetzt Yus Asaph oder Issa genannten Heiligen durch das Hochland des Iran und durch Afghanistan erwähnen. Und es existiert bereits ein ausgedehntes Schrifttum über die Abstammung der afghanischen Paschtunen von den Zehn Verlorenen Stämmen des Alten Israel, die zum Teil schon zu babylonisch-assyrischer Zeit im weiteren Osten, in Persien, in Afghanistan, sogar in Nordwest-Indien während und nach der babylonischen Gefangenschaft der Juden (604-538 ante) unter Tiglat Pileser III und Sargon II dort angesiedelt worden waren, nach deren Verschleppung aus Galiläa (733 ante) und aus Samarien (722 ante). Die Hinweise auf eine früh-jüdische Besiedlung des Tals von Kaschmir in Nordwest-Indien sind derart häufig und überzeugend, dass daran kaum mehr ein Zweifel bestehen kann. Nicht nur entsprechen, heute noch, Hunderte von Worten, Zahlbegriffen und Namen von Kasten und Personen sowie geographischen Orten im gesprochenen Kaschmiri oft buchstabengenau biblischen und alt-hebräischen Bezeichnungen. Der Sprachvergleich des indischen Schriftstellers Nazir Ahmad, zu Beginn des 20. Jahrhunderts, weist eine so unwahrscheinlich grosse Uebereinstimmung auf, dass kaum ein Zweifel möglich ist, dass wir es in Kaschmir mit den Nachkommen des Alten Judentums zu tun haben.

Gesichtsausdruck, Bekleidung, Hautfarbe, Verhaltensweise sind derart unindisch und jüdisch, wie die Legenden und Traditionen im Volk. Interessant ist nur, dass wohl alte, jüdische

Gräber in Ost-West Richtung ausgelegt gefunden werden, ebenso Reste von Synagogen und sogar von grossen, möglicherweise hebräischen Tempeln, aber keinerlei religiöse Ueberlieferungen. Diese sind im Laufe der Wanderungen entweder verloren gegangen oder - was einer ganz neuen Hypothese gleich kommt - nie dort vorhanden gewesen. Das heisst: Die Bani Israel, die Zehn Verlorenen Stämme könnten nicht etwa dort neu angesiedelt worden sein im 6. Jahrhundert ante, sondern die Hebräer könnten ursprünglich von dort gekommen sein, ehe sie ihre spezifische Religion des Vatergotts Jahwe erwarben in den Zeiten Abrahams und des Moses, ab dem 18. Jhrt. ante. -

Der hebräische Kalender zählte im Jahr 1 der christlichen Zeitrechnung das Mondjahr 3694, ohne dass man wüsste, welches Ereignis der Ausgangspunkt dieses Kalenders gewesen ist. Er könnte der Auswanderung der Hebräer aus Indien gegen Mesopotamien entsprochen haben. In Korrelation zu unserem heutigen Sonnen-Kalender hat das christliche Jahr 1992 dem jüdischen Jahr 5558 (nach dem Sonnen-Kalender) entsprochen. Subtrahiert man nun den christlichen Kalender vom jüdischen, erhält man in etwa das Jahr 3586 vor Christus als Zeitpunkt des Beginns des jüdischen Kalenders. Und ein Kalender-Beginn markiert in allen Kulturen jeweils ein bedeutendes historisches Ereignis - für uns die Geburt Christi. Es ist ein eher beunruhigender Gedanke, dass einige der grossen Propheten Israels, allen voran Ezechiel, Elia, Henoch und Moses - aber auch Jesus -, deren Gräber nie gefunden wurden, einfach verschwunden waren. Und dass sie in das Land ihrer Väter zurück gekehrt und dort gestorben seien. Aber abwegig ist die Ueberlegung nicht.

26. Das rätselhafte Grab mitten in Srinagar, Kaschmir

Tatsächlich ist dort nicht nur das Grab Jesu Christi lokalisiert worden, sondern auch das Moses-Grab ist im Tal von Kaschmir bekannt. Praktisch alle in der Bibel erwähnten Orts-Bezeichnungen hinsichtlich des Moses-Grabes, die man nie in Palästina oder im Transjordanland finden konnte, existieren in der Tat in Kaschmir. Selbst der Name dieses Gebiets ist hebräisch: die Heimat des Stammes Kash. In Kaschmir findet man aber auch heute noch viele Namen welche die Silbe 'Yus' aufweisen, in Erinnerung an Yus Asaph, den hellhäutigen Propheten der aus dem fernen Westen kam, ferner den Moses-Stein, den Moses-Stock, den auch Christus benützt haben soll, die Christus-Salbe die auf dem Markt von Srinagar vekauft wurde, die Herzpadel der Fischer im Dal-See, die es sonst gleichartig nur noch am See Genezareth in Galiläa gibt. All dies kann kein Zufall sein. Das ganze Umfeld passt: Jesus von Nazareth hat sich für die Suche nach den Zehn Verlorenen Stämmen entschieden und beschlossen, das römische Hoheitsgebiet zu verlassen, dem Paulus die Missionierung der Heiden im Westen zu überlassen und selber bis ins Stammland seiner Ahnen, nach Nordwest-Indien und Kaschmir vorzudringen. Die Interpretation von sich selbst scheint sich mit der Zeit und nach dem Kreuz gewandelt zu haben. Die spärlichen überlieferten Aeusserungen weisen eher darauf hin, dass er den Messias-Begriff und den Begriff des Menschensohnes fallen gelassen hat und als Heiler und Prophet seines allmächtigen Vatergottes auftrat.

Dies war auch erforderlich, da er sich ja in anders gläubigen Regionen befand, es in Persien mit dem Feuer-Glauben der Zoroastrier und in Nordwest-Indien mit dem Hinduismus und vor allem mit dem Frühbuddhismus zu tun bekam, aber auch mit Götzenkulten verschiedenster Art. Die Essener in Qumran wiesen Verbindungen auf zu einem uralten Sonnenkult, und dieser scheint wieder an Gewicht zu gewinnen beim Propheten Yus Asaph in Kaschmir wenn er, um das Jahr 78 post, im Tal von Srinagar dem Grosskönig Shaleswahin begegnet und auf dessen Fragen, was er predige, antwortet: 'Meine Religion lehrt Liebe, Wahrheit und Reinheit des Herzens. Sie lehrt die Menschen, Gott zu dienen der im Zentrum der Sonne und der Elemente herrscht. Gott und die Elemente aber dauern ewiglich.' Dies ist ein Teil des Zwiegesprächs, das überliefert wurde und verbrieft in einem Buch, dem Bhavishya-Mahapurana, verfasst im Jahre Laukika 3191 oder 115 post Christum in unserer Zeitrechnung. Das wäre acht Jahre nach dem Tode Jesù in Srinagar (Surya-nagar = Stadt des Sonnengottes Surya!), im Jahre 107 post gewesen. Da Jesus im Jahr 7 (astronomisch) ante geboren war, ist er im Alter von 114 Jahren eines natürlichen Todes gestorben. Das stark beschädigte Original dieses indischen Sanskrit-Werks (8. Band) wird im Institut für Orientalistik der Bombay Universität in Poona unter Verschluss gehalten. Doch sind zahlreiche Photo-Publikationen vorhanden.

Die eigentliche Grabstätte liegt mitten in der Altstadt von Sri-nagar, in der Khanyar-Strasse, trägt den Namen 'Rauzabal' und besteht aus einem ansehnlichen Holzgebäude das mit Innenräumen, kleinem Vorraum, kleinem antikem musulmani-schem Friedhof daneben, das Ganze mit kleiner Mauer und Eisenzaun eingehegt, vermutlich im 14. Jahrhundert neu er-richtet wurde, über einer viel älteren Grabstätte. Ein Holzsar-kophag, mit Tüchern bedeckt, wölbt sich über einer steiner-nen Grabplatte, und darunter liegt eine nicht muslimische, von Ost nach West ausgerichtete Grabkammer die hermetisch abgeschlossen ist und zu der bis heute kein Zutritt weder er-folgt ist noch von den staatlichen und islamischen Religions-Behörden Kaschmirs erlaubt worden wäre. Als der Islam Kaschmir im 13. Jhrt durchdrang hat man offenbar die bedeu-tende Persönlichkeit die hier aus der Antike bestattet lag, als den Propheten Issa erkannt, und da dieser als solcher auch im Koran verehrt wird, dem grossen Propheten ein würdiges Grabmal gebaut. Im Rauzabal liegt ein islamischer Verehrer von Isa (alias Jesus Christus) zusätzlich begraben (Sayid-Nasr-ud-Din). Man darf annehmen, dass er der Erbauer oder Begründer dieser so bedeutenden Grabstätte im 14. Jhrt post gewesen war. Vor dem Advent des Islam gab es in Kaschmir keine Erdbestattung, weder bei den Buddhisten noch bei den Hindus welche bis heute nur die Feuerbestattung kennen. Wohl aber gab es diese bei den Juden. Tatsächlich wurden in Kaschmir sehr viele alte, offenbar jüdische Gräber aufgefun-den. Auch das Grab des Yus Asaph weist eindeutig jüdische Merkmale auf. So wurde auch ein Grabstein mit abgerundeter Spitzdachform gefunden, wie man sie noch heute etwa auf dem Prager jüdischen Friedhof gleich zuhauf antrifft. - Die musulmanischen Gräber aber weisen nach Südwesten, mit dem Kopf der Toten in die Richtung nach Mekka in Saud-Arabien.

Interessant ist der Umstand, dass die Grabstätte in Familien-besitz ist welcher durch einen Gerichts-Entscheid aus dem Jahre 1766 post belegt ist, unterschrieben von fünf Geistli-chen und vier Richtern welche in dem noch vorhandenen Do-kument bekräftigen, dass die Grabstätte jene eines Heiligen sei der vor rund 1600 Jahren aus dem fernen Westen ins Land gekommen wäre und dass die Familie Anrecht hätte, auf ewige Zeit, auf die dort deponierten Almosen der Gläubigen. Es ist heute eine islamische Grabstätte die stille Publizität in diesem Jahrhundert, vor allem aber in den achtziger Jahren (1975-85 ca) erhalten hat durch zahlreiche ausländische Besuche von Einzelpersonen und sogar von religiösen Gruppen aus dem Westen. Man ist aufmerksam geworden und hat offenbar Geld investiert um das Holzgebäude zu erneuern, unter anderem mit einer neuen, sehr schön geschnitzten Kaschmiri-Nussholz Decke im Inneren des Heiligtums.

An Eingaben, dieses mysteriöse Grab öffnen zu lassen, hat es nicht gefehlt. Aber die indische Regierung hat bis heute jedes derartige Ansinnen strikte abgelehnt. Nicht nur sie. Auch der damalige Erzbischof von Bombay, Valerius. Man erfährt, dass, dass u.a. auch so hochgestellte Persönlichkeiten wie der seinerzeitige, letzte britische Vize-König über Indien, Lord Mountbatten, seines Zeichens Generalstabschef des britischen Afrika-Koprs und Gegner Rommels im Zweiten Weltkrieg in Aegypten, diese Grabstätte inkognito besucht hattgen. Wohl doch nur darum weil man annehmen muss, dass dort wo Rauch ist, auch Feuer sein könnte. Die Beschlagnahme diesbezüglicher Schriften kaschmirischer Autoren aus den Flughafen-Kiosken und den Buchhandlungen in Srinagar, und eine seltsame Tafel am 'Rauzabal' welche in schadhaftem Englisch erklärt, dass alles entstandene Schrifttum über diese Grabstätte Fälschung sei, nährt noch den Verdacht, dass es mit diesem Heiligtum tatsächlich eine ganz besondere Bewandtnis haben muss.

Man will in einer Region, die ohnehin einem Vulkan gleicht, als umstrittenes Grenzgebiet zwischen Indien und Pakistan, noch mit einer dominant muslimischen Bevölkerung auf indischem Territorium, kein Oel ins Feuer giessen. Dazu kommt noch dass heftige Temperament der Kaschmiri-Bevölkerung, die sich wohl kaum eines ihrer Heiligtümer von den Christen und Ausländern möchte entreissen lassen. Man will die voraussehbare Konfrontation auf jeden Fall vermeiden. Man will keinen neuen, heiligen Krieg, wie etwa die Kreuzzüge nach Jerusalem im 11. und 12. Jahrhundert, die zu schweren Kämpfen führten zwischen Muslimen und Christen. Ferner ist kaum anzunehmen, dass noch irgend etwas in der unter-irdischen

Grabkammer gefunden werden könnte da diese viele Male durch das Grundwasser vom nahe gelegenen Dal-See überflutet worden sein mag. Und falls man etwas fände - würde es gleich unpubliziert wieder verschwinden, wie es schon mit dem erwähnten jüdischen Grabstein inzwischen geschehen ist. Unauffindbar. Glücklicherweise gibt es die Fotographie als Beweis. Denn Ordnung und Friede sind wichtiger als die Wahrheit.

Aber die Indizien, dass Jesus von Nazareth tatsächlich in Kaschmir begraben liegt verdichten sich, und die Beweisführung wird eines Tages möglich sein, ohne dass das Grab geöffnet wird. Dabei kommt uns die Religions-Geschichte dieser Region weitgehend zu Hilfe.

27. Yus Asaph proklamiert 78 post zu Srinagar sein Propheten-Amt

Im Jahre 49 post hat der Lokalkönig Gopananda (auch Gopadatta) seine Regierungstätigkeit über Kaschmir aufgenommen. Dieser Fürst starb 109 post, also zwei Jahre nach Jesus. Vieles weist darauf hin, dass schon damals dem Heiligen, Yus Asaph, eine besondere und prominente Begräbnisstätte errichtet worden war. Im Jahre 78 post unserer Zeitrechnung (Jahr 54 der kaschmirischen Laukika Aera) ordnete Gopananda die Reperatur des Tempels 'Thron Salomos' auf dem Stadtberg Shankarcharyia über der Stadt Srinagar an. Da der König offenbar kein Hindu war (evt. Buddhist), wurde der Auftrag einem gewissen Suleiman (oder Sandiman) erteilt welcher aus Persien stammte, vielleicht neutraler Jude, oder Hindu, war und später Minister des Königs. Der Prophet Yus Asaph scheint eine wichtige Rolle gespielt zu haben in der Schlichtung eines Streits zwischen Hindus und Buddhisten um diesen alten Tempel. Auf einer der vier restaurierten Säulen wurde unter anderem diese seltsame Passage eingraviert: 'Yus Asaph proklamiert sein Prophetenamt. Jahr 54 (Laukika). Er ist Yuzu, von den Stämmen Israels.' - Diese Inschrift war zur Zeit als der Autor Khwaja Haidar Malik Chadura seine Geschichte im Tariki-Kaschmir schrieb, zur Zeit des Moghulkaisers Jehangir, um 1620 post, noch klar lesbar. Es gibt gut erhaltene Photos dieser inzwischen zugemauerten Inschrift, aus der Zeit der Briten zu Beginn des 20. Jahrhunderts. Weitere Beweise sind die Christus-Legenden aus Ladakh auf das Grab der Maria Magdalena bei Kashgar in West-China (Singkiang) - sie soll 91 Jahre alt geworden sein -, und auf das Grab Marias, der Mutter Jesu, im Bergort Muree auf dem Weg von Pakistan nach Kaschmir. Sie wäre 76 Jahre alt geworden. Und der Olivenholz-Stock, der in Aish-Muquam aufbewahrt wird und zuerst Moses, später Jesus gehört haben soll. Wo kam er her? In Kaschmir gab es keine Olivenbäume.

28. War Christus Mitbegründer des reformierten Mahayana-Buddhismus?

Man hat festgestellt, dass das sogenannte Grosse Fahrzeug des Buddhismus, das Mahayana, im 1. Jahrhundert nach Christus in Kaschmir/Ladakh entstanden war und sich von dort aus über Nepal, Tibet, China, die Mongolei und Korea bis nach Japan ausgebreitet und auch durchgesetzt hat. Im Jahre 78 post, also im selben Jahr als Raja Shaleswahin dem Propheten Yus Asaph begegnete, fand in Kaschmir das 4. Buddhistische Konzil statt, wofür eigens ein Palast errichtet wurde, etwa 12 km nordöstlich von Srinagar, und wo während rund sechs Monaten über die Spaltung des Buddhismus verhandelt wurde, nämlich in die beiden Grossrichtungen Hinayana oder Kleines Fahrzeug welches der ursprünglichen Lehre Buddhas entspricht, und in das Mahayana oder Grosse Fahrzeug welches einen Buddhismus ins Leben rief, der unverkennbar starke jesuanische Impulse aufwies die bis heute feststellbar sind. Immer wieder ist man über die scheinbaren Parallelen im Buddhismus mit dem Christentum verwirrt, liegen doch die beiden Anschauungen theoretisch diametral auseinander. Tatsächlich hat Buddha Gott und alle Götter abgeschafft und sie durch das immanente Weltgesetz des Kausalnexus' auf dem Höchsten Thron ersetzt. Aktion gleich Reaktion. Kein Dogma. Kein Glaubensbekenntnis. Es gibt nichts und niemanden, das oder der sich um das Einzelschicksal der Kreatur bemüht. Wir schwimmen im Gesetzes-Strom dahin und werden immer wieder aufs neue geboren, bis es uns in einer Existenz gelingt, unser Karma durch Nichtstun zu vernichten (weder gute noch böse Werke), um am Ende dieser Existenz aus dem Kreis der Metempsychosis auszubrechen und zu verlöschen, ins Nirvana einzugehen und unsere Seelen-Substanz dem Universum zurück zu geben, von dem wir sie empfangen hatten. Das ist der Kern der Hinayana-Lehre, weltentsagend und pessimistisch in der Ausrichtung. Sie scheint das hohe Ziel des Nirvanas nur dem Arhat, dem Heiligen und Eremiten, zu ermöglichen und vorzubehalten. Für die grosse Masse des Volkes aber, insbesondere auch für die Frauen, gibt es keine Rettung, noch eine Erlösung. -

Das alles ändert sich mit dem Erscheinen des Yus Asaph in Kaschmir wo er, dort und in den umliegenden Ländern, noch gegen 60 Jahre wirkt. Yus Asaph predigt inbrünstig die Lehre von seinem Vatergott 'Abba' (!), hebräisch für 'Vater', und schöpft den buddhistischen Gott Amith Abba, den grossen Lichtvater, dessen Zentrum in der Sonne ist, der in den Himmeln des Westens weilt, im Reinen Land (dem Paradies). Es ist eine neue, unerhörte Gnaden-Religion. Man braucht nur an Amith Abba zu glauben. Keine Askese, kein Opfer, keine guten Werke mehr sind erforderlich. (Vergleiche damit: '...keiner kommt zum Vater denn durch mich!'). Der Erfolg scheint überwältigend. Nun wird der Buddhismus zur Volksreligion, von unten getragen, was er vorher nicht war. Nun haben alle eine Chance, das Heil zu erlangen und das Paradies zu sehen, vor allem auch die Frauen, die auf so ungerechte Weise im alten System übergangen worden waren. - Ist das nicht zutiefst jesuanisch, wo wir den Nazarener in seinem Erbarmen immer wieder antreffen wie er versucht, das Los der Frau in einer patriarchalischen Gesellschafts-Ordnung zu lindern und zu bessern? - Vieles spricht tatsächlich dafür, dass Christus massgeblich an diesem Konzil beteiligt war, möglicherweise im Auftrag des Grosskönigs Kanishka, der ganz Nordwest-Indien siegreich unterworfen und dieses bekehrt hatte. Der Nazarener hätte damit zweierlei im Buddhismus eingeführt: einmal die Restauration eines höchsten Himmelsgottes zu dem die Menschen beten konnten und welcher am Einzelschicksal Anteil nahm (Amith Abba), und die Nächstenliebe im Sinne des grossen Mitleidgebots. Denn von nun an kennt das Grosse Fahrzeug eine Gottheit des 'Unendlichen Erbarmens', in Indien Avalokithesvara, in China Kuan-Yin, im fernen Japan Kwa-non genannt.

29. War Jesus von Nazareth der erste Bodhisattva des Buddhismus?

Yuz Asaph schafft aus sich selbst eine neue Gottheit: den Buddha Avalokithesvara, den Grossen Erbarmer, den Allessehenden Heiler, der bei seinem Heimgang auf den Eintritt ins Nirvana verzichtet und auf der Schwelle harren bleibt, um in alle Ewigkeit zu helfen, die Schwachen und die Kranken aus dem Strom des Lebens auf das Grosse Gefährt hinauf zuziehen und auch ihnen das Reine Land, das Paradies des Westens, das Reich des Lichtgottvaters Amith Abba aufzutun und die verlorenen Seelen zu retten. Das himmlisch gedachte Reine Land lag im Westen (Palästina), oder am Horizont der untergehenden Sonne, und später wurde Nordwest-Indien als Ursprungsland dieser neuen buddhistischen Lehre, von China und Japan aus gesehen, als im Westen gedacht. - Es ist fast nicht möglich, in der religionsgeschichtlichen Grosstat der Schaffung des Grossen Fahrzeugs im Buddhismus *nicht* die Hand Yuz Asaphs oder Jesus Christus zu sehen. Denn der Inhalt, die Gleichnisse, die Zeitepoche und der Ort des Geschehens stimmen praktisch vollkommen überein.

Yuz oder Jesus hat in Kaschmir im 1. Jhrt. post den Begriff des Bodhisattva (in der indischen Sanskrit-Sprache) geschaffen. Der Bodhisattva ist ein Vollkommener, ein buddhistischer Heiliger - der bei den Hindus im Sadhu sein Gegenstück hat -, welcher in vielen Existenzen endlich im letzten irdischen Dasein sein Karma vernichtet hat und bereit ist, ins Nirvana einzugehen, um niemals mehr wieder geboren zu werden. Im Buddhismus des Mahayana gibt es soviele Bodhisattvas wie es in der katholischen Kirche Heilige gibt. Aber der Bodhisattva hat, merkwürdigerweise, das getan, und jeder neue tut es wieder, was Jesus von Nazareth getan hat: nach der Erreichung der höchsten menschlichen Vollkommenheit zu versuchen, zu Gott zu gelangen und freiwillig aus der Welt zu scheiden, wenn der Moment gekommen ist. Um dann aber auf den Aufstieg ins Paradies zu verzichten ('...noch bin ich nicht aufgefahren zu meinem Vater', sagt Christus zu Maria Magdalena am Leeren Grab am Ostersonntagmorgen). Er kommt zurück (vom Kreuz) in diese Welt und hält sich der Menschheit helfend und erbarmend zur Verfügung den Weg ins ReineLand zu finden. Das ist reinste christliche Gnosis, mitten in der buddhistischen Lehre und verwandelt diese sozusagen in ihr Gegenteil!

Die Ergebnisse des erwähnten 4. Konzils zu Haran bei Srinagar im Jahre 78 post, also zu Jesu Lebzeiten in Kaschmir, sollen auf Metallplatten graviert und irgendwo im Lande vergraben und versteckt worden sein. Damals wurden die Einfluss-Sphären der beiden grossen Schulen des Buddhismus, des Hinayanas und des Mahayanas, für die Zukunft und die Geschichte festgelegt: das Hinayana wandte sich nach dem Süden, nach Sri Lanka (Ceylon), Burma, Thailand, Indochina; das Mahayana in den Norden nach Nepal, Tibet, Singkiang, die Mongolei, China, Korea und Japan. Diese Teilung Asiens erinnert seltsam an die Teilung zu Damaskus zwischen Christus und Paulus, der Osten für diesen, der Westen für jenen. - Sollten solche Platten eines Tages zum Vorschein kommen, so könnten vielleicht neue Ueberraschungen erwartet werden. Etwa, dass der grosse Heilige im Tal von Kaschmir, Yuz Asaph, im Auftrag des Gross-Königs Kanishka selber am Konzil teilgenommen und dieses vielleicht wirklich massgebend beeinflusst hat.

30. Die eigentümliche Geschichte des Nikolas Notovitch - eine Fälschung?

Der ursprüngliche Buddhismus des Kleinen Fahrzeugs (Hinayana) hatte ja bekanntlich alle Gottheiten des Alten Indien abgeschafft, ebenso wie die Kasten und die Menschen-Opfer, und hatte auf den leeren Thron Gottes den Kausal-Nexus gesetzt, das Gesetz von Ursache und Wirkung. Diese Lehre, die im Indien des 5. Jahrhunderts vor Christus entstnden war, erwies sich für das einfache Volk als kaum verständlich, um so besser aber den Krieger- und Adels-Kasten denen diese Erleuchtung des Gauthama Buddha das richtige Instument in die Hand gab, die Vorherrschaft der arroganen priesterlichen Brahmanen-Kasten zu brechen und diese zu entmachten und sie in den Untergrund zu verbannen, aus dem sie sich erst nach rund tausend Jahren zur grossen brahmanischen Restauration ab dem 7. Jhrt post wieder erheben sollte.

Sollte die Geschichte Jesù vom Drama auf Golgatha im so fernen Palästina und von seiner Rückkehr vom Kreuz wo er dem Vater zu begegnen hoffte, erneut hinab zu den Menschen, bis nach Kaschmir gedrungen sein? Und sollte er persönlich, als Vollkommener der - aus buddhistischer Sicht - sein Karma der Wiedergeburten vernichtet hatte und als ein Heiliger die grosse Tradition der Bodhisattva-Kulte im Buddhismus eröffnet haben, als jener grosse Lehrer der - völlig neu - den Menschen in Asien den Weg ins Reine Westliche Paradies, zu seinem Vatergott des Lichts, Abba, zu seinem gütigen Vater in den Himmeln zu weisen begann? Und damit, erstmals im Buddhismus, den Begriff des Erbarmens schöpfte (wo es diesen vorher nicht gab) und den Menschen die Hoffnung vermittelte, durch einfaches Glauben an diesen Gott zum Heil zu gelangen, ohne sich um den Kreislauf der Wiedergeburten kümmern zu müssen?

Und falls dem so ist, wie wäre die Erzählung und die Lehre nach Indien gelangt, wenn nicht durch Christus persönlich - *nach* der Vollendung seiner Flucht aus Damaskus nach Indien, die fast 15 Jahre lang gedauert hatte (33-48 post)?

Es gibt nun tatsächlich jene seltsame Geschichte des wohlhabenden Russen Nikoas Notovitch der nach dem Krim-Krieg (1865) eine ausgedehnte Reise nach Zentral-Asien, ins Pamir, zum Dach der Welt, und nach Nordwest-Indien, unternommen hatte, zum Zweck der Bären- und Tigerjagd. Um 1887 gelangte er, mit Maultieren und indischer Träger-Kolonne ins Bergtal von Kaschmir und über 4000 m hohe Pässe nach Ladakh dessen kahle Hochgebirgstäler noch heute mit tibeto-buddhistischen Klöstern übersät sind. Daher nannte man Ladakh das weiterhin als äusserster Nordwest-Zipfel zu Indien gehört, auch Klein-Tibet,

In einem der Klöster, in Mulbeck, erfuhr der Reisende und Grosswild-Jäger Notovitch per Zufall von einem Abt die Geschichte von Saint Isa, dem grossen Heiligen welcher in sehr alter Zeit aus dem fernen Westen ins Bergland gekommen und einer der grossen Lehrer des Buddhismus geworden sei. Er hätte in jungen Jahren mit einer Karawane sein Geburtsland am Meer verlassen und sei später aus dem Land der Buddhisten in seine ferne westliche Heimat zurück gekehrt, um dort die Lehre des Erhabenen (Buddha) zu verbreiten, sei dort aber gefoltert, gekreuzigt und zu Tode gebracht worden. Sein Andenken in Tibet sei hoch, aber nur die erudierten obersten Lamas (Aebte) wüssten noch um seine Verdienste.

Notovitch horchte auf und erkannte unmittelbar in dem budhistischen Heiligen unseren Jesus Christus. Auf Anraten des Kloster-Abtes zog er weiter zum mächtigen Kloster Hemis Gumpa, wo ihm tatsächlich alte tibetanische Rollen, aus der heiligen Pali-Schrift übersetzt, gezeigt und vorgelesen wurden. Darin wurde erzählt, dass der junge Isa oder Issana mit etwa 13-14 Jahren aus seiner Heimat Philistäa nach Indien gekommen sei, Hinduismus und Buddhismus studiert hätte und etwa im Alter um 30 Jahre zurück gereist wäre, um sein Volk zum Buddhismus zu bekehren. Nach einer Verurteilung durch die Römer wäre er aber, nach Art der Perser, am Kreuz gehängt worden.

Dies nun schien ein sensationeller Fund zu sein, umso mehr als Notovitch erkannte, dass Jesus auf arabisch Isa hiess (und auf persisch Yuz). Mit den entsprechenden Uebersetzungen kehrte er nach Europa zurück und veröffentlichte um 1908 in Paris seine Schrift: 'La deuxième Vie de Jésu Christ', überzeugt - wie seinerzeit Kolumbus - unbekanntes Neuland und die Schliessung einer grossen Lücke im Leben Christi für die fehlenden Jahre der Ueberlieferung, von etwa 13-30, gefunden zu haben. - Zu schön, um wahr zu sein?

Aber kaum war die Auflage auf dem Markt, wurde sie auch scon von unbekannter Hand aufgekauft und so allzu früh aus dem Verkehr gezogen. Das war vor rund hundert Jahren. Ob wir wohl heutzutage noch immer denselben Zwängen ausgeliefert sind?

Inzwischen hat man aber festgestellt, dass es sich zwar in der Tat um Jesus Christus handelt, dass aber etwas nicht stimmen kann: die buddhistischen Chronisten der ersten Jahrhunderte post haben offenkundig aus Jesus dem Nazarener einen Buddhisten gemacht der ihre Lehre in Israel verkündete - was mit Sicherheit nie der Fall gewesen war. Wie aber kommt die Golgatha-Tragödie in tibetanische Annalen? Doch nur, wenn Christus wirklich dort erschienen war und seine eigene

Leidensgeschichte erzählte die sonst niemand wissen konnte. Aber Christus kam *nach* Golgatha nach Indien - und reformierte dort den Buddhismus, wurde zum ersten Bodhisattva im Bergland überhaupt und galt als grosser Heiliger und Lehrer auch in den Ländern des Buddhismus.

Da man aber vor der Nachwelt nicht zugeben wollte, dass die grosse Reformation des Buddhismus von aussen, durch einen Nicht-Buddhisten, gekommen war - verdrehte man die Geschichte zur Glorifizierung der eigenen Religion eifach in ihr Gegenteil!

Was Notovitch nicht gefunden hat - und bis heute offenbar auch sonst niemand, ist eine Fortsetzung der Geschichte über Saint Isa und die Wanderung des Auferstandenen nach Indien *nach* Golgatha. Solche Schriften haben zweifellos existiert, und darin waren vielleicht auch die Begleitumstände der Auferstehung in Jerusalem enthüllt, wie sie Jesus in Kaschmir auf Grund seiner sichtbaren Körpernarben damals geschildert hatte. Vielleicht. Aber ein solcher zweiter Teil der Erzählung müsste ja den ersten, gefälschten Teil Lügen strafen. Und somit wird er wohl für immer unauffindbar bleiben - e sei denn, seine Exzellenz der Dalai Lama kenne ihr verborgenes Versteck und gäbe sie eines Tages frei - sofern er es vermöchte und es sie überhaupt (noch) gibt, ode je gegeben hat. Im Interesse des religiösen Friedens und der erstaunlichen Feststellung, dass Christentum und Mahayana Buddhismus zum Teil eine gemeinsame Wurzel haben, wird dies auch tunlichst vermieden werden. Es bestehen wenig Zweifel, dass auch der Vatikan dieses geheime Wissen teilt.

Interessanterweise weilte Nikola Notovitch mehrere Wochen in Srinagar am Dal-See, ohne noch die geringste Ahnung vom so nahe gelegenen echten Christus-Grab zu haben; dieses wurde erst rund zehn Jahre später erstmals wieder-entdeckt. Doch dieses Grab zu Srinagar ist ein verkannter Meilenstein des Christentums und spricht eine beredte Sprache.

**

Dies ist, in groben Zügen, der Inhalt eines Werkes, das erstmals das *ganze* Leben des Jesus von Nazareth beschreiben, würdigen und vor allem zu erklären versuchen soll. Nicht nur einen Ausschnitt, sondern einige Jahrzehnte vor seiner Geburt zu Bethlehem bis einige Jahrzehnte nach seinem Hinschied zu Srinagar in Kaschmir. Und vor allem sollen auch die Konsequenzen seiner Existenz aufgezeigt und gewürdigt werden. Die Schaffung eines geistigen Weltreichs, das nicht nur den ganzen Westen und die Amerikas umspannt, sondern auch grosse Teile Asiens, einschliesslich Japans. Und das von den Ideen berichten soll, die selbst den Hinduismus - unverkennbar - beeinflusst und sublimiert haben im Laufe der vergangenen Jahrtausende. Zahlreiche Illustrationen stehen zur Verfügung. Darunter auch das schon zu Ostern 1985 als Weltpremière in Italien publizierte, noch verschwommene Antlitz des echten Christus wie er vor der Passion, ohne Verletzungen, ausgesehen hat. Das ist eine wirkliche Sensation. Die Computer-Wissenschaft hat es möglich gemacht, durch Prof. Tamburelli, in zweijähriger Arbeit mit seinem Team, am berühmten Grablinnen zu Turin, das zwar 1988 vom Vatikan als Fälschung ausgegeben wurde, 1991 aber erneut und definitiv als echt anerkannt und bestätigt wurde. Heute wissen wir wie der Mann, der im Auftrag Gottes ein neues Licht in dieser Welt angezündet hat, die Flamme der Barmherzigkeit, in Wirklichkeit ausgesehen hat. Wer es gesehen hat, dieses Gesicht, heute wie damals, wird es nicht mehr vergessen. Es strahlt die ganze erhabene Lehre aus, das Vater Unser, die Bergpredigt - und der verzweifelte Aufruf zur brüderlichen Nächstenliebe und zum Verzicht auf jegliche Gewalt.

Der grosse Sachbuch-Roman aus der Antike, in drei Büchern, zusammen 1600 Seiten, der in einer den historischen Fakten folgenden ergreifenden und höchst spannenden Erzählung Christus in Zwei Leben begleitet, vor und nach der Auferstehung, sind ab 2007 im Buchhandel oder dem Autor erhältlich unter dem Titel: 'CHRISTUS-Was am Anfang war, und was nach Golgatha geschah'. Ein weiteres, eigentliches Sachbuch desselben Autors von 800 Seiten mit dem Titel: DAS CHRISTUS-RAETSEL-Die Beweise' ist ab 2008 im Verkauf erhältlich. Diese Bücher die aus neutraler Warte geschrieben wurden sollen auch Anstoss geben zu einer Reformation des heutigen Christentums, zur Befreiung von seinen allzu pubertären Aspekten, von seinen Fehlern und Mängeln und möchten zurück führen zum Denkmodell christlicher Ethik erhöhter sozialer Gerechtigkeit, Respekt vor dem Leben und des Gewaltverzichts in dieser Welt - und etwas weg vom zweideutigen Ereignis des Leeren Grabes vom Ostersonntagmorgen.

Diese Bände verarbeiten den ganzen gewaltigen Stoff und wurden im Hinblick auf das Jubiläums-Jahr 2000 post konzipiert, konnten aber aufgrund der unermesslich grossen Stoff-Fülle nicht rechtzeitig fertiggestellt werden. Es wurde versucht, die Grundlagen jener Korrektur aufzuzeigen die dringendst nötig erscheinen, um das hehre Gebäude des Christentums vor dem Einsturz zu bewahren, und im Gegenteil seine Fundamente zu stärken und Platz zu schaffen für die Begründung des

ZWEITEN HAUSES CHRISTI

zur neuen Würdigung und Erhebung der Lehre und ihres Begründers - INNERHALB der Mutterkirche, nicht ausserhalb.

Die ERKENNTNIS, wer Christus wirklich war, und seiner Vision, das Reich Utopia hiernieden aufzurichten, wird den einfachen Glauben langsam ersetzen - und ihn, Christus, noch grösser erscheinen lassen, als er es bisher schon immer war.

***

Frühjahr 2007, 3. Auflage   Markus von Friedland

12. Was daraus folgt:
Der beschwerliche Weg ins Zweite Haus Christi

Unser Dasein ist bestimmt durch den trivialen Kampf ums tägliche Ueberleben der den Grossteil all unserer Energien verbraucht. Auf dem Weg durch dieses Leben benötigen wir eine spirituelle Führung die uns aber, allem Suchen zum Trotz, von keiner Macht von oben gegeben wird. Die einzige Führung die über vergänglichen und instabilen obrigkeitlichen Regierungen zur Verfügung steht, ist jene der Religion und der Philosophie.

Sie beleuchten unseren Weg mit Riten und Fanalen an die wir uns klammern können und die uns Trost spenden in Phasen des Schmerzes und des Elends, die uns immer wieder aufs neue treffen, ohne dass diese Phänomene des Leides erklärbar wären.

Zwei der grossen Gestalten der Weltgeschichte, Christus und Buddha, haben uns zwei Wege aufgezeigt zum Land Utopia, zum Reich des Friedens und zu einer freudigeren und erfüllten Existenz für alle. Der eine mit seinem unfassbaren Programm vom bedingungslosen Kampf gegen die Armut und für die Abschaffung der Kriege und der Gewalt mit seinem hohen Gebot der brüderlichen Nächstenliebe. Der andere mit dem totalen Verzicht auf ausserirdische Mächte, der Kampfansage an das Ego im Menschen, an Macht, Habgier, Eitelkeit, Ungerechtigkeit, Eifersucht und Gewalt zur Schaffung eines neuen Menschen der Demut, der Milde, der Zufriedenheit. Durch die Zähmung und Beherrschung unserer Emotionen soll ein grosser Teil selbstverschuldeten Leides aus dieser Welt genommen werden.

Während die buddhistische Lehre von Anfang an zwei Ebenen des Heils anbot - jene der karmischen Verbesserung der Lebensstufe in der Wiedergeburt für die grosse Masse, und jene der Vernichtung des Karmas (des Egos), damit den Ausbruch aus dem Kreis der Wiedergeburten die zur Befreiung und zum Erlöschen führt für Wenige - kennt die christliche Lehre bis heute nur eine Ebene: jene des bedingungslosen Glaubens und Gehorsams gemäss den Dogmen der Ekklesia, oder eben gemäss den Kanonischen Schriften in der protestantischen Welt. Wer dies nicht annehmen kann steht ausserhalb der grossen christlichen Familie.

In einer hoch technisierten und rapid veränderlichen Welt die von den modernen Erkenntnissen der Wissenschaft geprägt ist, ist das Angebot der christlichen Kirchen zu eng geworden und kann für weite Teile der christianisierten Menschheit nicht mehr genügen. Der emanzipierte Mensch von heute, Männer und Frauen, scheut sich in einen engen und dunklen Tunnel des Glaubens gestossen zu werden der in keiner Weise mehr den Realitäten von heute entspricht. Es wäre ein religiöses Gefäss von Nöten, das Abermillionen von getauften Christen die Möglichkeit böte, in den Schoss einer christlichen Gemeinschaft zurück zu kehren, statt sich von den Kirchen abzuwenden. Dieses neue Gefäss könnte ein <u>Zweites Haus Christi</u> sein, das nicht ausserhalb, sondern innerhalb der Ekklesia stünde, als erhöhtes Stockwerk mit einer Zweiten Ebene in der nicht mehr so sehr Glauben gefragt ist, sondern Erkenntnis des jesuanischen (und vielleicht auch des buddhistischen) Weges zum fernen Reich Utopia einer erhöhten Menschlichkeit, ohne Leid, elend, Armut, Gewalt und Kriegswirren, das uns einst Christus versprochen hatte. Und das vom Vater, vorerst, verweigert wurde, weil sich der Sohn gegen die Prinzipien der Schöpfung die Leid und Gewalt einschliesst, gewandt hatte. Schliesslich aber überwog das Erbarmen Christi gegenüber der Kreatur. Damit aber ward eine neue Pforte aufgestossen, ein Weg zu einer sorgloseren, von primitiven Aengsten befreiten und heitereren Existenz - wenn wir nur wollten!

Aber noch immer haben wir nicht begriffen, dass der Weg nach innen führen muss, dass wir uns selbst bekämpfen und besiegen müssen um zu einer erhöhten Menschlichkeit zu gelangen. Der Sieg über uns selbst ist grösser als jener über einen stärkeren Widersacher. Der neue Altar im Zweiten Haus Christi, der erst möglich wird durch die Korrektur der geschichtlichen Fundamente des Christentums, möge uns zu neuer Einheit, Einsicht und Erkenntnis und zur Ueberwindung allen Leidens führen.

32. Ein Steckbrief:
Zeitgenössische Notizen zur äusseren Erscheinung Christi

gemäss einem aufgefundenen Ueberwachungsbericht, wahrscheinlich aus der Zeit 29/30 post, Galiläa, an Publius Lentulus, römischer Verwaltungs-Vorgesetzter des Präfekten Pontius Pilatus, stationiert in Syrien:

> '...ein Mann von aufrechtem Wuchs, 15 1/2 Fäuste hoch (1,83 m), braunrot-blondes Haar, bis zu den Ohren glatt gekämmt, über den Schultern gewellt, trägt üppigen Vollbart, in der Mitte zwiegeteilt. Grosse blau-graue Augen, Stimme mit eigenartigem Klang, starkes Charisma',

und weitere Berichte:

> '...Sanft bei Ermahnung, beim Schelten furchtbar, oft froh und ernst, manchmal weint er; lachen aber sieht man ihn nie.'

Und: Ein Computer-Tomographie-Bildnis von Prof.G.Tamburelli, Italien, in zwei Arbeitsjahren mit seinem Team aus dem echten Grabtuch in Turin, dem Linnen, heraus gearbeitet, wobei alle durch die Martern der Kreuzigung verursachten Verletzungen korrigiert wurden, so der Nasenbein-Bruch, die hohe Schwellung der rechten Wange, die Wunden der Dornenkrone, der Gesichts-Schläge (Siehe Toternmaske Christi auf dem Umschlag, Jahr 1985).

Kein Gesicht eines Helden, aber ein Gesicht voll des Mitgefühls und des Erbarmens das man nicht so schnell vergass, und das sehr wohl zur grossen 'Bergpredigt' passen könnte.

***

Vom groben Irrtum ist der Weg zur Wahrheit einfach und gerade. Vom verfeinerten Irrtum ist der Weg zur Wahrheit mühsam und beschwerlich, da es unendlich schwierig ist, einen maskierten Irrtum zu entlarven.
Gotthold Ephraim Lessing
* * *

33. Lebens-Daten Christi:

Geboren:	29. Mai	06 ante h, 03.00 h ca	zu Bethlehem
Jordan-Taufe:	Februar	28 post h.	zu Jericho
Gekreuzigt:	03. April	32 post h.	zu Jerusalem
Auffahrt:	14. Mai	32 post h.	Oelberg bei Jeru- salem (Lukas)
Pfingsten:	24. Mai	32 post h.	Jerusalem (Scha'wuoth)
Damaskus:	Oktober	33 post h.	Paulus/Saulus
Spuren:		34 post h.	Nisibin/SO-Türkei
Spuren:		34-44 post h.	Adiabene/N-Irak
Spuren:		48 post h.	Taxila/Pakistan
Kaschmir:		78 post h. Begegnung mit König Shalesva- hin; 4.Buddh.Konzil, zu Srinagar	
Gestorben:		107 post h.	zu Srinagar/India, 114jährig (!)

ante h =	vor Christus, historische Zählweise, im Unterschied zu 'a' = astronomische Berech- nung (06 ante H = 07 ante a)
post h =	nach Christi Geburt, historische Zählweise

34. Versuch eines astrologischen Befunds:

Die Astrologie ist keine exakte Wissenschaft, und sie ist weiterhin von vielen Fragezeichen umrankt. Obwohl gerade aus
ihr im Altertum eine der exaktesten Wissenschaften schlecht-

hin hervor gegangen ist: die Astronomie und die Lehre von den Gestirnen.

Da es bekanntlich noch viele Dinge zwischen Himmel und Erde gibt die nicht messbar sind, braucht es auch einem Sachbuch keinen Abbruch zu tun wenn ein hypothetischer astrologischer Befund beigezogen wird um das Christus-Bild weiter zu erhellen.

Und erstaunlicherweise finden wir mit dem errechneten Geburts-Datum und der gefundenen Geburtsstunde (+/- Minuten) Christi eine augenscheinliche, weitgehende Uebereinstimmung zwischen den astrologischen Werten und den uns von Jesus überlieferten Eigenschaften:

Konsultierte Systeme:

Cortex, Huber: Grosse Konjunktion Jupiter/Saturn,
in den Fischen, 1. Durchlauf
07 ante astronomisch, 29.05.07, 03.00 h

Astrovisa 5,0 Huber: 06 ante historisch,   29.05.06, 03.00 h
In beiden Fällen dasselbe Jahr und
dieselbe hypothetische Geburtsstunde

Der 1. Durchlauf der damaligen grossen Konjunktion (von dreien im selben Jahr, die folgenden jedoch nur für jeweils eine Nacht), dauerte vom 24.-29. Mai 06 historisch/07 astronomisch, beides 'ante', also vor Christus.

Am 24.05. stand der Mond nahe der Konstellation, somit ungünstige Lichtverhältnisse am Nachthimmel und geringe Auffälligkeit des Doppelgestirns Jupiter/Saturn.

Am 29.05. stand der Mond nahe der aufgehenden Sonne, also unter dem Horizont Bethlehems, somit sehr günstige Lichtverhältnisse und prominent wahrnehmbare Sternerscheinung in der Nacht.

* * *

Sternzeichen: ZWILLINGE   Geburt zu Bethlehem, 29.05.06 h
ante, 03.00 h in der früh

Aszendent:	WIDDER	Im Falle der Geburt, Wert Bethlehem, von 02.14-03.06 h in der früh;
Aszendent:	STIER	Im Falle der Geburt, Wert Bethlehem, von 03.07-04.17 in der früh (wahrscheinlich)

* * *

Wesensart:	Zwei Gesichter Zwei Wesen	(Gott Janus der Römer), (es wohnen zwei Seelen in meiner Brust)

- Sinn für soziale Gerechtigkeit, scharfe Intelligenz, Begabung für Organisation, Regie, Führungs-Verantwortung, Dramaturgie;

- Oft wird Harmonie durch Konflikt gesucht

- Zorn, Scheltreden, Sanftmut, Erbarmen, Tränen (Stier-Einfluss?)

- Beharrliche Verfolgung eines Ziels, unbeirrbar (Widder-Einfluss?)

Horoskop:	Planetenstand	
	SONNE	Steht ganz am Anfang der Zwillinge; ICH-Betonung, grosses Selbstbewusstsein, für andere schwer durchschaubar, kann gut allein sein
	MERKUR 3. Haus	Gedanken weiter geben; pronunzierte Lehrtätigkeit

Die meisten Gestirne im ICH-Bereich, aber

	PLUTO Achse	Kreative Macht, DU-Seite, Fische-Jungfrau, Helfen, Heilen, Soz.Engagement verstärkt durch

MARS	Plus Löwe-Jungfrau, 5.Haus, als Motor,
NEPTUN	extrem DU-seitig, selbstlose Liebe, starkes Einfühlungsvermögen (Empathie), geistige Erweiterung (auch vernebelnd) Bewusstsein-erweiternde Mittel denkbar
URANUS	im 11. Haus: gleichgesinnte, geistige Freunde;
ZWILLINGE	Interesse an vielem, aber rasche Sättigung, viel Wechsel, auch oberflächlich;
Rotes	Leistungs-Dreieck: Enorme Dynamik und Bewegung (fast pausenlose Wanderungen)

* * *

Eine Horoskop-Kreisscheibe steht für 72 Lebensjahre; dann beginnt alles von vorne, als Wiederholung derselben Konstellationen. Betrachten wir Christi Lebensverlauf nach Alter und in Relation zur Zeitepoche so stellen wir eine erstaunliche Uebereinstimmung mit seinem oben dargestellten Horoskop fest:

Alter	Lebensverlauf	Zeit-Epoche
01-16 J	Starke Planeten-Stellungen Lehrjahre, Selbstbewusstsein: Erwachen	06 ante - 10 post
16-16 J	Relative Leere, Ruhe	10 post - 20 post
27-36 J	Innere Sammlung und Vorbereitung	21 post - 28 post
37-39 J	Oeffentliche Wirksamkeit, sehr aktiv	28 post - 31 post
39 J	Drama auf Golgatha	32 post
	Mit 38/39 Jahren unter Neptun hindurch, Kulminationszeit, maximale Reife, Lebenshälfte, Rückblick, Unsicherheit	
39-62 J	Planeten-Leere, wenige Ereignisse eher passive Phase, Fluchtjahre	33 post - 55 post

63-72 J Yus Asaph (Christus) in Kaschmir   56 post - 65 post
54 post wird er am Suleiman Tempel
aktiv, erklärt sein Prophetenamt.
Damit stimmt die Stellung des Uranus
im 11. Haus überein: Uebernahme neuer
geistiger Verpflichtungen. Nochmals
Jupiter/Saturn wie zur Zeit seiner Geburt,
stark aktive Impulse, Wandertätigkeit
in Indien, Himalayagebiet

72-90 J Konstellation wie in der Jugend   66 post - 84 post
mit Sonne, Mond, Merkur, Venus,
Bedeutende Ereignisse: 78 post
Begegnung mit König Shaleswahin,
evt. einflussreiche Teilnahme am
4. Buddistischen Konzil zu Haran/
Srinagar, Kaschmir. Noch einmal im
grossen Leistungs-Dreieck (wie Sa-
turn/Jupiter in Fische im 12. Haus),
Spitze des sozialen Engagements.

90-114 Nochmals Pluto,   84 post -107post+
Achse Fische-Jungfrau verstärkt
durch Löwe/Jungfrau im 12. Haus,
mit Mars als Motor;
Unerhörter Helfens- und Erbarmens-
drang der sich in den letzten Jahren
nochmals durch selbstlose Nächstenliebe steigert.

* * *

**Das Horoskop Christi könnte die Vermutung bestätigen:
YUZ ASAPH (CHRISTUS) wird endgültig zum
göttlichen ERBARMER,
zur buddhistischen Gottheit des Mitleids,
AVALOKITHESVARA,
und damit zum Mitbegründer des MAHAYANA-Buddhismus
des grossen Fahrzeugs, und zum eigentlichen
Begründer des BODHISATTVA-Kults
(buddhistischer Heiliger)**

Das Grabmal (Rauzabal) des Yuz Asaph in der Khanyar-Street zu Srinagar, Kaschmir, Indien, heute in einem Muslim-Quartier gelegen (drei Torbogen = Nordseite)

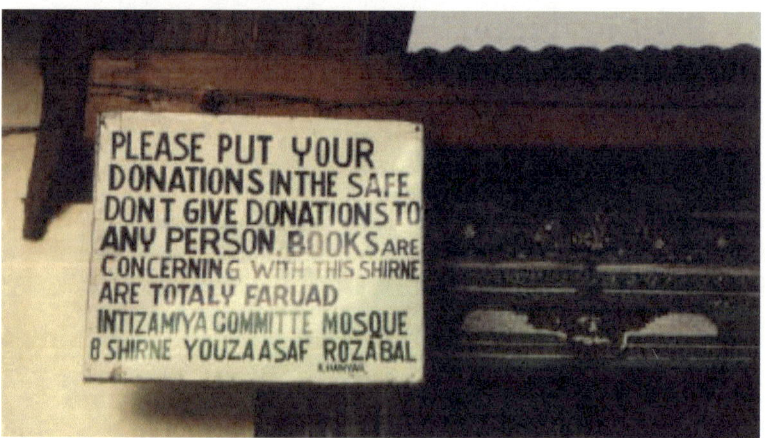

Neue Tafel am Grabmal des Yuz Asaph, um 1988. Sehr interessant der zweite Satz: 'Alle Bücher die sich mit diesem Schreiben befassen, sind völlig falsch...' (in mangelhaftem Englisch), angebracht von einem muslimischen Kuratorium. Wie sagt doch unser Sprichwort so schön? Wo Rauch ist, ist auch Feuer...

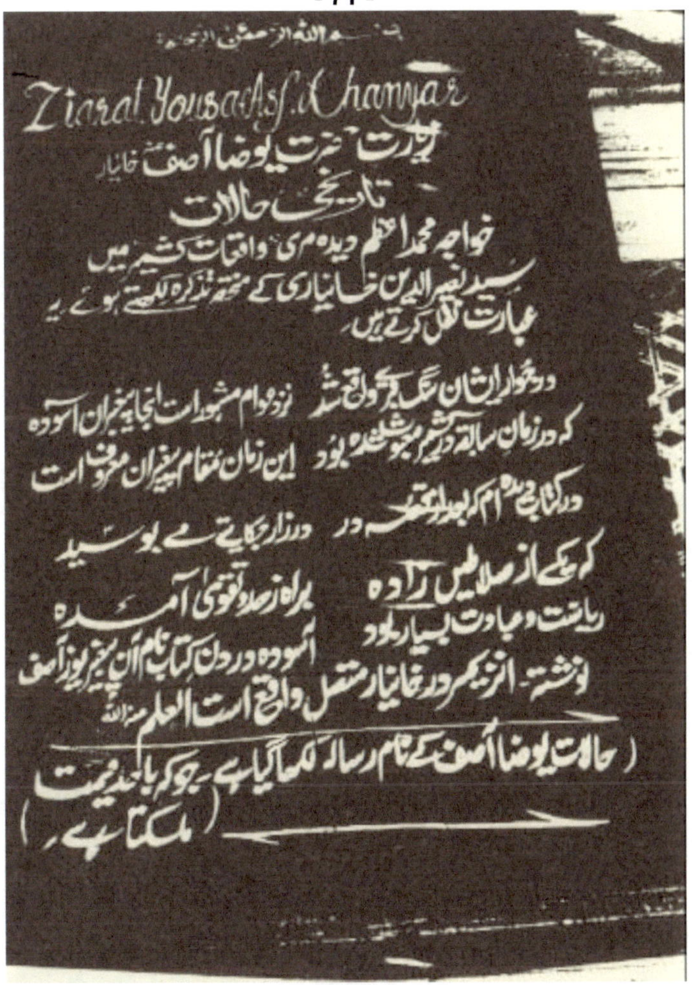

Die alte Tafel am Rauzabal, in arabischer Schrift und persischer Sprache (früher die Amtssprache Nordwest-Indiens) welche besagt, dass bei der Auffindung des Grabes anlässlich der Muslim-Invasion im 14. Jhrt. post in der Grabkammer eine kleine verschlammte und zerstörte Schrift gefunden wurde aus der lediglich hervorging, dass es sich um einen grossen Propheten aus der Antike handle, der damals, vor vielen hundert Jahren, ins Tal gekommen sei um Gott zu predigen.

Das Grabmal des grossen, unbekannten Propheten Yuz Asaph (Christus?) in der Khanyar-Street zu Srinagar, Kaschmir. (Fünf Torbögen = Ostseite)

Ein Bildnis von Prof.F.M.Hassnain, Srinagar, dem Entdecker der Grabstätte des Yuz Asaph, um 1985, im Kaschmiri-Haus Dress, zusammen mit dem Autor, Markus von Friedland

Das aus dem Turiner Grabtuch (Linnen) mittels Computer-
Tomographie dreidimensional gewonnene Antlitz Christi
nach Korrektur der Verletzungen. So hat Jesus ausgesehen

**Das ECHTE Antlitz CHRISTI, das aus dem Turiner Grabtuch
erhaltene dreidimensionale Computerbild, befreit von den
Verletzungen der Kreuzigung**

Der Weg Christi, 34-48 post, nach Osten:
(Damaskus-Nisibin-Adiabene/Arbela-Mashid-Afghanistan-Peshawar-Taxila-Srinagar

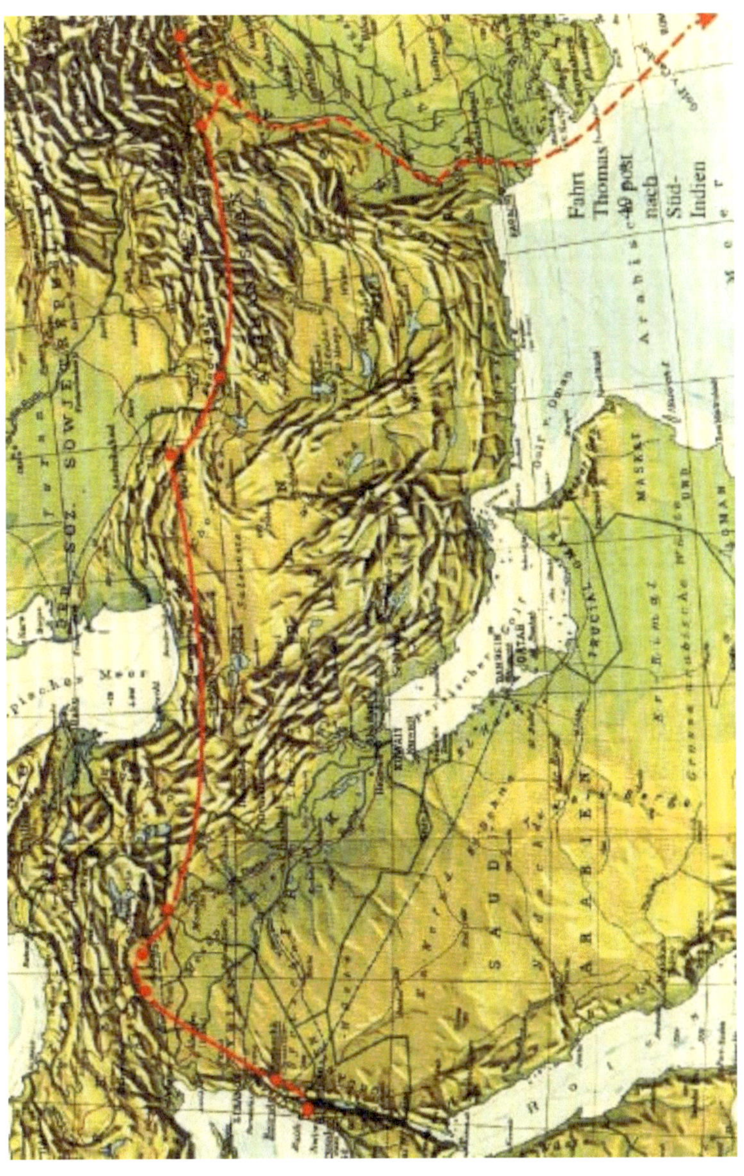

Der Abdruck auf Christi' Original-Grabtuch (Linnen) zu Turin

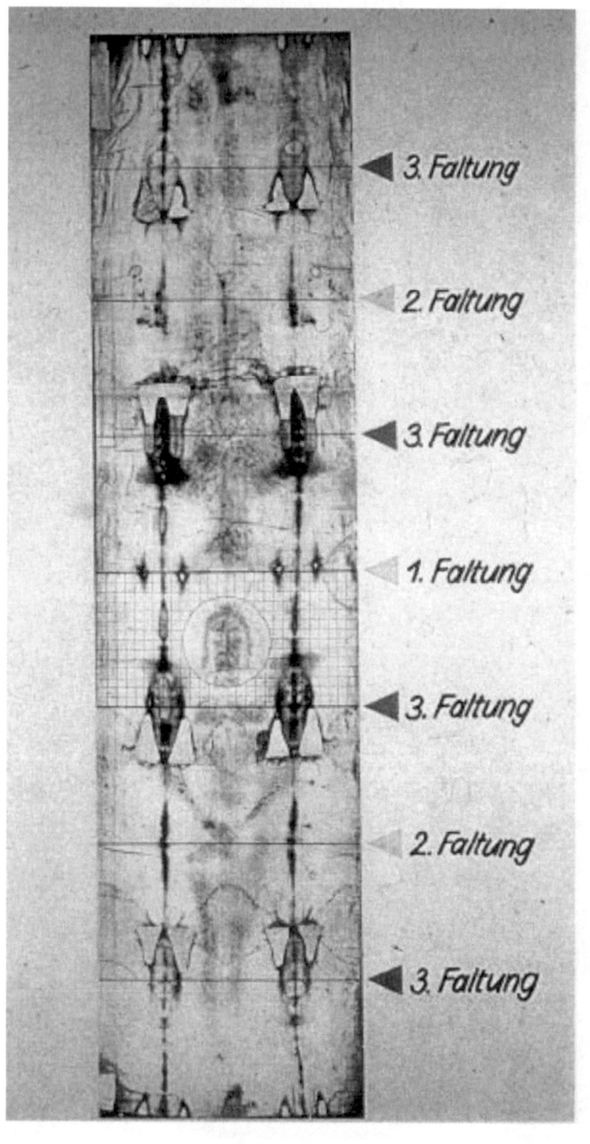

Das berühmte Kreuzigungs-Gemälde von El Greco
(1541 - 1614)

Eine Zufallsbegegnung mit jungen Studenten im fernen Mexiko brachte den Verfasser erstmals in Kontakt mit einer seltsamen Legende aus dem indischen West-Tibet, heute Ladakh. Wonach der junge Jesus seine unbekannten, stillen Jahre der Formation in In-dien zugebracht haben soll.
Eines faszinierende Geschichte ist so zum Auslöser von vier Buchbänden geworden, die nach eingehenden Nachforschungen zu einer recht sensationellen Neu-Interpretation des überaus langen Lebens Christi führten.

Der Autor, Markus von Friedland, 1940 im St Gallischen Wil gebodren, von und zu Neuenburg, hat nach Abschluss seiner Studien 20 Jahre seiner Freizeit der Niederschrift dieser Bücher gewidmet.

Mögen Sie vielen Lesern Freude und Denkanstösse vermitteln und motivieren, am Bau des Neuen Hauses Christi gedanklich und aktiv mitzuwirken, um eines noch sehr fernen Tages das Land Utopia zu finden, das uns einst verheissen wurde. Anlässlich des 25. Weltkongresses der Vishwa Umyayam Samsad (World Development Parliament) in Delhi, Indien, vom 12.3.1988, wurde der Verfasser mit dem Titel eines Dr.h.c. (honoris causa) ausgezeichnet. (Gebiet der mode-dernen Christologie)

Christus

Markus von Friedland

Was Sie, geneigte Leserschaft in der Hand halten ist keine leichtfüssige Erzählung, kein Abenteuerroman, kein Helden-Epos, kein Portrait, Biographie oder literarisches Essay, auch kein Dokumentarbericht, kein Kriminalstück und keine esoterische Botschaft.
Was ist es dann? - Es ist nichts weniger als die tragische und grossartige Geschichte der ZWEI Leben einer der grössten Gestalten der Menschheits-Geschichte, des Mannes aus Nazareth, der die Welt verändern sollte. -
- Zwei Leben ??

Der dreibändige Sachbuchroman aus der Antike folgt der heute bekannten geschichtlichen Wahrheit um die Zwei Leben Christi, vor - und nach der Auferstehung. Von seiner Wandertätigkeit, seiner Kreuzigung, seinem mirakulösen Ueberlebens auf Golgatha, seiner schicksalshaften Begenung mit Paulus in Damaskus, seiner späten Wanderung nach Indien, zusammen mit Mutter Maria, mit Magdalena und Thomas und seiner grossen Wirksamkeit in Kaschmir, Nordwest-Indien, bis zu seinem natürlichen Hinschied imbiblischen Alter von 107 Jahren
und seiner erstaunlichen Reformation des Buddhismus, der Begründung des Mahayana und des Bodhisattva-Kults in Indien. Diese überaus spannende TRILOGIE umfasst 1600 Seiten.

Das Sachbuch 'DAS CHRISTUS-RAETSEL- Die Beweise' erhellt die historischen Geschehnisse und das WARUM Christus ans Kreuz ging. 700 Seiten. Verfasst aus neutraler Warte

Durch die Mitgliedschaft bei PRO LITTERIS, Schweiz, stehen die Urheber- und Autoren-Rechte, im In- und Ausland, unter Rechtsschutz.

Jeglicher Nachdruck, auch Auszugsweise, sowie jegliche andere Form der Publikation des Inhalts dieser Texte ist ausdrücklich <u>untersagt</u>.

Einzige Ausnahme: mit Erlaubnis der Autoren-Gruppe aufgrund vertraglicher Vereinbarungen.

Gerichtsstand ist Zürich, Schweiz
Frühjahr 2007

**

Herstellung und Verlag: Books on Demand GmbH, Norderstedt
ISBN: 978-3-8334-8000-3